Heike Barz-Lenz . Fassadenmalerei

Heike Barz-Lenz

Fassadenmalerei
Verkrustungen aufbrechen für ein Lächeln

FSC
www.fsc.org
MIX
Papier aus ver-
antwortungsvollen
Quellen
Paper from
responsible sources
FSC® C105338

Bibliografische Information der Deutschen Nationalbibliothek
Die Deutsche Nationalbibliothek verzeichnet diese Publikation in
der Deutschen Nationalbibliografie; detaillierte bibliografische
Daten sind im Internet über http://dnb.d-nb.de abrufbar.

Herstellung und Verlag: Books on Demand GmbH, Norderstedt
ISBN 978-3-8448-0794-3

„Lachen und Lächeln
sind Tor und Pforte, durch die viel Gutes
in den Menschen hineinhuschen kann".

(Christian Morgenstern)

Inhalt

<u>Initiative</u>

Beweggründe

Situationen und Entwicklungen immer wieder aus unterschiedlichen Perspektiven und Blickwinkeln zu betrachten, ist für mich sehr wichtig. Wobei ich zugeben muss, dass ich mich anfangs damit auch sehr schwer getan habe. Doch ist der Anfang erst einmal gemacht, wird es auf dem eingeschlagenen Weg im Laufe der Zeit leichter, sich darauf einzulassen. Doch was aus meinem Blickwinkel klar und deutlich erkennbar ist, ist für andere nicht unbedingt genauso plausibel. Hier kann nur die Sicht von der anderen Straßenseite helfen, die Lage neu zu beleuchten. Doch das geht nur mithilfe von Kommunikation.

So habe ich mich zum Beispiel immer wieder gefragt, ob dieser Buchtitel „Fassadenmalerei" tatsächlich das suggeriert, was ich damit ausdrücken möchte und was ich ganz persönlich damit verbinde. Wenn ich von Fassadenmalerei spreche, so denke ich nicht an künstlerische Gestaltung am Bau, sondern an menschliche Maskerade, die etwas verdeckt, versteckt und somit versucht, ein künstliches Bild widerzuspiegeln. Es geht also mehr um Imitation und Nachahmung, negativ ausgedrückt, um die Vorspiegelung falscher Tatsachen. Die Wahl des Titelbildes überrascht dabei vielleicht. Bären sind dafür bekannt, dass sie kein Mienenspiel haben. Es ist also nur schwer zu erahnen, was der Eisbär im nächsten Moment tun wird. Er lebt deshalb in gewisser Weise, wenn auch ungewollt, hinter einer Fassade. Der Balanceakt mit einer Nuss ist auch selten zu beobachten. Er stellt für mich in diesem Zusammenhang einen ganz außergewöhnlichen Blick hinter die Kulisse dar und zeigt eine ganz besondere Vorliebe für diese Leckerei.

Außerdem überrascht mich ebenfalls immer wieder die Unterschiedlichkeit unserer Wahrnehmungen. Es ist für mich manchmal kaum fassbar, wie verschieden die Eindrücke durch Sinn und Gefühl sein können. Mir selbst wurde zum Beispiel in einem Gespräch einmal gesagt, ich würde immer versuchen zu vermitteln, um dann doch noch zu einem gemeinsamen Konsens zu kommen. Fast gleichzeitig wurde mir bei einer anderen Diskussion dagegen bescheinigt, mit mir könne man überhaupt nicht reden. Beide Gesprächspartner kommen aus meinem nahen Umfeld und kennen mich ganz gut. Dabei bin ich immer noch der gleiche Mensch. So viel hier zu unserer Wahrnehmung. Doch gerade deshalb ist sie - die Wahrneh- mung - für mich ein ganz besonderes Thema, das an den unterschiedlichsten Punkten plötzlich wieder auftaucht.

Es gibt also recht unterschiedliche Gründe, warum ich dieses Buch so geschrieben habe. Kernpunkt bleibt jedoch die Fassadenmalerei, hinter der sich, meiner Ansicht nach, leider sehr viele Menschen verstecken. Dadurch kann es zu ernsthaften Kommunikationsproblemen und Dissonanzen in unseren zwischenmenschlichen Beziehungen kommen. Diese Schwierigkeiten behindern uns und machen nicht glücklich. Wenn sich dann noch die Probleme potenzieren, können sogar Krankheiten die Folge sein. Doch andere Sichtweisen, Blickwinkel und kleine Anstöße können uns manchmal aus dieser Einbahnstraße herausführen. Bleibt nur noch die Frage, wodurch Fassadenmalerei überhaupt entsteht und warum wir sie betreiben? Vor diesem Hintergrund ist nun dieses Buch entstanden, denn ich denke, irgendwann befindet sich jeder einmal in einer Einbahnstraße oder Sackgasse. Doch Veränderungen sind immer möglich, wenn wir es nur wirklich wollen. Ohne Fassadenmalerei lebt es sich letztendlich einfach leichter, und ich kann mich auch ohne diese Fassade sicher und wohl fühlen. Ein altes Sprichwort sagt: „Es kann niemand aus seiner Haut!" Ich möchte diese Redensart etwas erweitern und sage: „Es kann zwar niemand aus seiner Haut, aber wir können versuchen, es uns in dieser Haut so gemütlich wie möglich zu machen!" Dieses Buch möchte Ihnen dabei helfen.

ANSATZPUNKTE

Was fehlt uns?

Wir wollen uns wohl fühlen in unserer Haut. Doch was gehört dazu? Ein neuer Pulli oder ein Paar schicke Schuhe? Kommt das „sich in seiner Haut wohlfühlen" von innen oder von außen? Wenn es von innen heraus kommt, wächst es dann einfach so in uns, so wie unser Körper, der sich im Laufe der Jahre vom Baby zum Erwachsenen entwickelt? Das hieße dann auf jeden Fall, dass wir uns alle pudelwohl fühlen müssten. Oder müssen wir selbst etwas dazu tun, um diesen Zustand zu erreichen? Alternativ stellt sich hier die Frage: Wenn dieses gute Gefühl von außen kommt, wie geschieht das? Strömt dieses Gefühl von außen so einfach in uns hinein oder können wir es überstreifen, so wie man einen neuen Anzug anzieht und wir uns darin gut gefallen und wohl fühlen? Wenn das so wäre, dann könnten wir uns diesen positiven Zustand doch jederzeit ganz einfach kaufen und hineinschlüpfen. Und wenn das wirklich so wäre, dann müssten inzwischen Heerscharen von glücklichen und zufriedenen Menschen unterwegs sein. Aber ganz so einfach ist es dann wohl leider doch nicht. Sich wirklich richtig wohl zu fühlen in seiner eigenen Haut, dazu gehört wohl doch sehr viel mehr. Innere Ausgeglichenheit, Gelassenheit, Akzeptanz uns selbst gegenüber und gegenüber unserem Umfeld. Aber auch eine gewisse Abgrenzung von der Außenwelt und ihren Beeinflussungen. Ein Standhalten gegen

Druck, der uns von anderen, bewusst oder unbewusst, im wahrsten Sinne des Wortes nur zu oft aufgedrückt wird. Dem gegenüber steht der hausgemachte Druck, für den wir selbst verantwortlich sind, der aber durch bestimmte Umstände, Erfahrungen und unsere gesamte Gesellschaftsstruktur nicht so einfach zu unterdrücken ist – da ist er schon wieder, der Druck. Darüber hinaus gilt es, auch einmal ganz bewusst die eigene Wahrnehmung zu schärfen und die oft ganz andere Sichtweise beziehungsweise Empfindungen und Interpretationen unserer Mitmenschen zu erkennen und zuzulassen. Es bedarf also der unterschiedlichsten Komponenten, um zu werden wie wir wirklich sind und sich dabei gut zu fühlen. Das gilt es sich aber erst einmal bewusst zu machen. Und, man muss daran arbeiten.

Der Zwiespalt

„Wege entstehen dadurch, dass man sie geht."

(Franz Kafka)

Ich habe früher immer geglaubt, irgendwann muss ich mich ausschließlich für oder gegen eine Sache entscheiden. Speziell im Berufsleben ist davon ja oft die Rede. Sicher, eine Berufsausbildung ist wichtig und bildet eine gute Grundlage. Und hier ist eine Entscheidung zunächst tatsächlich entsprechend einer besonderen Neigung, Begabung oder eines starken Interesses zu treffen.

Im späteren Verlauf des Lebens gibt es aber trotzdem immer wieder neue Kombinationsmöglichkeiten. Erst sind sie vielleicht nicht so offensichtlich und man erkennt sie deshalb nicht sofort. Darum werden sie zunächst auch total ignoriert. Bei genauerer Betrachtungsweise finden sich aber oft Parallelen, Gemeinsamkeiten und Ergänzungen. Jeder Mensch hat zwar irgendeine Schokoladenseite, deshalb liegen aber andere Fähigkeiten nicht automatisch völlig brach. Bei mir selbst stehen zwei ganz unterschiedliche Vorlieben sozusagen 50 zu 50, Seite an Seite. Die eine Hälfte von mir ist der „Zahlenmensch". Deshalb habe ich wahrscheinlich auch Betriebswirtschaft studiert und interessiere mich zum Beispiel stark für Steuerfragen. Das war dann auch der Grund für eine spätere Fortbildung in Form eines Fernstudiums zum Thema Steuerrecht und betriebliche Steuerlehre. Die zweite Hälfte von mir ist aber wohl das totale Gegenteil davon. Diese andere Hälfte braucht und hat eine große Portion Kreativität, verbunden mit handwerklichen Vorlieben. Seit fast dreißig Jahren beschäftige ich mich darum auch, zwar mit immer wieder unterschiedlicher Intensität, mit der Töpferei. Das Ergebnis ist sichtbarer als Schreibtischarbeit. Aber ich habe festgestellt, ich brauche irgendwie beides. Doch auch die Schreibtischarbeit hat inzwischen eine Wandlung erfahren, wie mit diesem Buch ebenfalls erkennbar wird. Vor einigen Jahren habe ich angefangen Sachbücher zu schreiben, in denen ich meine praktischen kaufmännischen Berufserfahrungen in einfacher und verständlicher Weise weitergeben möchte. Ein Buch zu schreiben war lange eine Traumvorstellung, die dann aber sehr lange auf ihre Umsetzung warten musste.

Doch irgendwann war es soweit, und es begann sozusagen meine ganz persönliche Expedition.

Eine Expedition ist in der Regel eine Reise ins Ungewisse.
Es ist am Anfang nicht klar, welche Erkenntnisse und
Ergebnisse man mit nach Hause bringen wird. So ist es auch
mir ergangen. Mit der Veröffentlichung meines ersten Buches
„Geschäftssinn entwickeln!" fiel dann aber ganz unbewusst
auch der Startschuss für die Expedition „Eisbär". Auf der
Suche nach einem schönen Titelbild für mein Erstlingswerk
kreuzten die Eisbären meinen Weg, und das war tatsächlich
reiner Zufall. Dass dann weitere Bücher rund um den
kaufmännischen Aufgaben- und Arbeitsbereich, mit dem
Erkennungszeichen Eisbär, folgen würden, war zum Zeitpunkt
der ersten Publikation weder geplant noch habe ich in meinen
kühnsten Träumen daran zu denken gewagt. Das Projekt Buch

ist dann langsam zu einer Herausforderung gewachsen, die sich manifestiert hat. Inzwischen ist aus meiner Expedition ins Ungewisse eine ganze Trilogie in Buchformat entstanden. Sehr real und greifbar. Und ich denke nicht mehr „Das kann ich nicht" oder „Das schaffe ich nicht". Vielleicht liegt es daran, dass die Eisbären das Packeis gebrochen haben. Trotz dieser Entwicklung bleibt weiterhin das Zusammenspiel der beiden Schwerpunkte erhalten und ist wichtig für mich. Ich denke, kein Mensch ist in irgendeine fertige Schablone zu pressen. Doch manchmal brauchen wir auch etwas Mut, dies in vollem Umfang zu erkennen und zuzulassen.

Entengrütze

Wir sind alle ein Produkt unserer Umwelt! Das ist zwar keine neue taufrische Erkenntnis, aber immer wieder der Ausgangspunkt und Ursprung aller Entwicklungen, der uns ein Leben lang begleitet. Als Kinder schwimmen wir wie kleine Frösche im Teich, sozusagen in der familiären Entengrütze, warm und geschützt vor fremden Einflüssen. Doch irgendwann kommt einmal der Zeitpunkt, an dem aus den kleinen Fröschen große Frösche geworden sind. Dann will der halbwüchsige Frosch raus aus dem bekannten Teichgebiet und eigene Erfahrungen sammeln. Und nicht selten stellen wir uns die Frage, wer sind wir überhaupt. Wir möchten unsere eigene Persönlichkeit finden und entwickeln. Dazu muss der Frosch aber raus aus der bekannten und schützenden Entengrütze. Denn Entwicklungen brauchen auch neue Eindrücke, Experimentierfreude und Freiräume. Und sie entstehen in und aus den unmöglichsten Begebenheiten. Den eigenen Weg zu finden heißt aber nun nicht zwangsläufig, mit dem Leben im Froschteich völlig zu brechen. Denn bis zu diesem Zeitpunkt haben wir ja schon eine gewisse Prägung mitbekommen, die uns auch weiterhin begleiten wird. Das ist sozusagen die Basis, auf der die Zukunft aufgebaut werden kann. Was wir dann daraus machen, liegt an uns selbst. Doch meist erkennt man erst rückwirkend, an welcher Stelle schon immer persönliche Schwerpunkte oder Vorlieben existiert haben, die zum lebenslangen Begleiter werden. Und es ist einfach schön, wenn sich Altbekanntes mit neuen Erfahrungen und Erkenntnissen paaren kann.

Pioniergeist

Was versteckt sich hinter dem Begriff Pioniergeist?

Das Herz des Entdeckers, Lust auf etwas Neues, Veränderungen vornehmen, neue Wege finden.
Betrachten wir noch einmal den kleinen Frosch (im Bild), der nach einer langen Wanderung einen neu angelegten Teich gefunden hat, so ist die Betrachtungsweise ein ganz andere. Der Frosch hat sein Ziel erreicht, darum ist er jetzt im Wasser. Er hat einen Weg zum Wasser gefunden, seinen Weg, denn das ist sein Lebensraum, dort geht es ihm gut.
Jeder von uns leistet irgendwo in gewisser Weise Pionierarbeit, privat sowie beruflich. Dabei müssen wir an uns glauben und davon überzeugt sein, dass wir das gesteckte Ziel auch erreichen. Und das ist manchmal gar nicht so einfach. Sehr einprägsam ist für mich die folgende Aussage (Autor unbekannt):

„Wer etwas will, findet Wege!
Wer etwas nicht will, findet Gründe!"

In diesen beiden Sätzen steckt mehr Aussagekraft, als in einem Gespräch, das vielleicht zwei Stunden gedauert hat. Wer etwas will, sucht nach Möglichkeiten und Wegen, um ans Ziel zu kommen. Wer etwas nicht will, erklärt über zwei endlos scheinende Stunden hinweg, warum dies oder das jetzt gerade überhaupt nicht geht. Und es folgt eine Ausrede nach der anderen. An dieser Stelle verpufft dann ganz schön viel Energie ungenutzt. Und das ist sehr schade!

„Wer Pioniergeist hat, hat auch ein positives Selbstbild." So lautete der Kommentar einer Leserin in meinem Blog, in dem ich ebenfalls über dieses Thema geschrieben habe. Und wenn das nicht ganz so ist, dann kann man auf jeden Fall etwas dafür tun. Denn es lohnt sich, egal für welchen Einsatzbereich. Es lohnt sich immer zu sagen: „Ich will das Ziel erreichen!" Privat sowie beruflich, im Fitnessstudio oder bei ungeliebter Schreibtischarbeit. Denn wer hat gesagt, dass alles immer von alleine gut in der Spur läuft? Bedeutet diese Auffassung doch: Die Anderen sollen meine Aufgabe/meinen Job erledigen und mein Problem lösen. Doch diese Losung geht nicht auf.

Authentizität

Wir bewundern sie, wir hätten sie gerne und wir beneiden unser Gegenüber darum. Und wir verfluchen sie, wenn sie uns selbst fehlt. Wie komme ich authentisch rüber, eine nur zu oft gestellte Frage. Oft kommt man zu dem Resultat: Manche Menschen haben sie eben einfach, diese Echtheit und Selbstverständlichkeit, andere eher nicht. Wie kommt es dazu und was können wir tun, um glaubwürdig und dementsprechend mit Gelassenheit durchs Leben zu gehen? Ohne Selbstzweifel und in Ruhe die Dinge angehen zu können, den eigenen Stil finden, das ist das Ziel. Woran liegt es also nun, wenn das nicht so recht klappen will? Unter anderem liegt es daran, dass wir irgendwelchen Idealvorstellungen hinterherträumen, die aber im Prinzip vielleicht gar nicht zu uns passen. Außerdem setzen wir uns nur zu gerne selbst unter Erfolgszwang und können den eigenen Vorstellungen später dann nicht genügen. Dabei verlieren wir uns selbst aus den Augen. Denn im Prinzip möchten wir doch nur zu gerne, in Form unserer eigenen Person, ein Double unserer aller Idealvorstellungen zusammenbasteln. Doch dieses Idealgebilde ist dann wiederum nur eine Hülle, in die wir gerne schlüpfen möchten. Und damit geht garantiert die ganze Persönlichkeit und Glaubwürdigkeit flöten. Also, was tun??? Wer authentisch und mit Gelassenheit leben möchte, muss sich erst einmal selbst akzeptieren, mit allen Stärken und Schwächen, wie es immer so schön heißt. Unebenheiten gehören genauso dazu und machen unsere Persönlichkeit doch erst aus. Außerdem macht es Sinn, zum Beispiel nicht jedes Modediktat bedingungslos zu übernehmen und jeder Werbung glauben zu schenken. Ein Blick in die Natur zeigt, wie bestechend oft die ganz einfachen Dinge wirken. Ganz ohne Schminke und ohne Schnörkel. Ich finde, diesen Blick sollten wir viel öfter riskieren. Dann kommen wir unserer eigenen Glaubwürdigkeit schon einen großen Schritt näher. Aber es gehören natürlich noch sehr viel mehr Aspekte dazu, von denen wir geprägt werden, die in engem Zusammenhang mit unserer Persönlichkeit stehen, die uns dann als Erwachsenen ausmacht.

URSACHE & WIRKUNG

Kontrovers

„Wir müssen vergessen,
wer wir zu sein glauben,
um die zu werden,
die wir sind."

(Paulo Coelho)

Das ist die Kontroverse zwischen Fassade und Wirklichkeit. Dabei geht es, wie bereits gesagt, nicht um Häuserfassaden, die wunderschön restauriert und gestaltet sind. Nein, es geht um die Fassade, die sehr viele Menschen um sich herum aufgebaut haben und vor sich hertragen. Und dieses Zitat von Paulo Coelho enthält genau das, worum es hier geht. Er trifft ganz genau den Punkt. Ich könnte es auch so formulieren: „Mehr Schein als Sein". So ausgedrückt trifft es aber nicht immer den eigentlichen Kern der Sache. Bei „Mehr Schein als Sein" assoziiere ich zunächst immer eher die finanzielle Variante. Das ist wahrscheinlich so, weil Finanzfragen und Zahlen mich sehr geprägt haben. Die Finanzen spielen in diesem Fall aber nicht unbedingt die Hauptrolle. Es geht mir in diesem Zusammenhang vorrangig um den Menschen mit seinen Gefühlen, Vorstellungen, Zwängen und Wünschen und welchen Einflüssen wir im Laufe unseres Lebens ausgesetzt sind. Außerdem, ob wir bereit sind daran zu arbeiten, etwas zu verbessern oder zu verändern, weil wir uns in dieser Maskerade nicht wirklich wohlfühlen, um dann zum Schluss wirklich bei uns selbst anzukommen. Bei sich selbst anzukommen, darunter versteht mit Sicherheit jeder von uns etwas anderes. Das ist auch ganz normal und darf so sein. Wäre das nicht so, so hätte dieses Gefühl schon wieder etwas zwanghaftes, und das soll es ja gerade nicht sein. Was können wir also tun? Wir können sehr viel dazu tun, um uns in unserer eigenen Haut wohl-zufühlen.

Im Laufe der Jahre hatte ich immer öfter das Gefühl, Menschen zu kennen oder auch neu zu begegnen, die hinter einer Fassade leben. Und das bedeutet für mich grundsätzlich, dass ich diejenigen, die ich schon sehr lange kenne, eigentlich doch nicht so richtig kenne. Diese Erkenntnis hat mich im ersten Moment dann doch irgendwie plötzlich und unverhofft getroffen. Sie stand dennoch klar und deutlich vor mir, und ich habe mich gefragt, warum diese Erkenntnis so unvorbereitet in mein Leben getreten ist. Warum konnte ich plötzlich wie durch ein Loch hinter diese Fassaden schauen? Die erste an mich selbst gerichtete Frage lautete dann zunächst immer: „Habe ich mich so verändert, haben sich meine Maßstäbe so verändert oder hatte mein Gegenüber sich so verändert?" Egal wie, klar ist auf jeden Fall, ich habe diese Veränderung immer erst einmal meiner eigenen Unzulänglichkeit zugeschrieben. Und ich habe mich gefragt, warum ich mich dabei so unwohl fühle – was war hier falsch? Mit diesen Veränderungen habe ich mich immer öfter und intensiver beschäftigt und versucht, der Sache auf den Grund zu gehen.   Oft sind es ja nur die Kleinigkeiten, die plötzlich ein ganz anderes Licht auf eine Sache werfen. Diese Kleinigkeiten und der berühmte Blick von der anderen Straßenseite sind jedoch immer wieder die Anregungen, die aufrütteln und Entwicklungen sowie Veränderungen in Gang setzen.

Und das Leben ist sehr vielschichtig!

Erfolg

Jeder von uns möchte etwas darstellen und wahrgenommen werden. Die Wahrnehmung jedes Einzelnen ist aber oft eine ganz andere als die der Umwelt. Was bedeutet Erfolg nun aber erst einmal für jeden Einzelnen? Diese Frage stellt sich immer wieder. Welche Bedeutung hat Erfolg grundsätzlich, was steckt dahinter? Wann bin ich erfolgreich und woran wird Erfolg gemessen? Hierzu habe ich mal nach Definitionen und Synonymen gesucht, die den Begriff Erfolg besser erklären oder beschreiben:

„Erfolg ist die Summe richtiger Entscheidungen!"

Heißt, Absichten konnten in Resultate umgesetzt werden - Ziel erreicht! Diese Erläuterung ist nun aber noch sehr global. Die Definition bei Wikipedia formuliert das schon etwas spezifischer:

„Erfolg bezeichnet das Erreichen selbst gesetzter Ziele. Dabei wird getrennt in sachliche Ziele, die gleichgesetzt werden mit Einnahmen und emotionale Ziele, die gleichgesetzt werden mit Anerkennung."

Bei den sachlichen Zielen, den Einnahmen, muss an dieser Stelle natürlich der Erfolg im betriebswirtschaftlichen Sinn genannt werden. Die entsprechende Definition hierzu liefert das Wirtschaftslexikon von Gabler, die lautet:

„Erfolg wird betriebswirtschaftlich in monetären Größen erfasst und ist das Ergebnis des Wirtschaftens, ermittelt durch die Erfolgsrechnung."

Was sind nun emotionale Ziele?

Bei der Gleichsetzung mit dem Begriff Anerkennung, geht es um die gesellschaftliche Anerkennung, also um die Wahrnehmung durch die Umwelt bzw. des Umfeldes. Hier steht ganz konkret der Wettbewerbsgedanke im Vordergrund, da ist es wichtig, vor Anderen gut dazustehen. Aufgrund dieser Sichtweise wird auch von prestigeträchtigem Erfolg gesprochen. In unserer heutigen Erfolgsgesellschaft bedeutet das, immer wieder auf sich aufmerksam zu machen. Statussymbole spielen eine große Rolle, sie stehen für einen materiellen Erfolg. Es wird doch sehr deutlich, auch der Begriff Erfolg ist mit unterschiedlichen Vorstellungen besetzt. Für viele geht der Begriff einher mit Karriere machen und viel Geld verdienen. Immer nach dem Motto: Mein Haus, mein Auto, mein Swimmingpool! Erfolgreich ist, wer viele Statussymbole sein Eigen nennt. In unserer Gesellschaft wird

Erfolg, in dieser Form, als besonders erstrebenswert dargestellt. Verspricht dieser Erfolg doch Anerkennung, Zufriedenheit und Reichtum, verbunden mit einer bestimmten gesellschaftlichen Stellung. Das ist die öffentliche Meinung. Aber ist das nicht nur eine gesellschaftliche Fassade? Alternativ stellt sich doch die Frage: Was kann Erfolg noch bedeuten? Und vor allem, was bedeutet Erfolg für mich ganz persönlich? Grundsätzlich lässt sich dazu nur sagen, Erfolg ist nicht automatisch gleichzusetzen mit geschäftlicher Karriere.

Doch zurück zum Ausgangspunkt. Die Frage lautete: „Was bedeutet Erfolg für jeden einzelnen?" Um hierauf eine Antwort zu finden, muss noch ein wesentlicher Aspekt einbezogen werden. Beim ganz persönlichen Erfolg geht es doch zuerst um das als positiv empfundene Resultat eigenen Handelns, unabhängig vom Beifall der anderen. Und was zeichnet nun tatsächlich den ganz persönlichen Erfolg aus?

Aus den vorangesetzten Definitionen ist bereits zu entnehmen, der Begriff Erfolg hat viele Facetten, und darum kommt es ganz wesentlich auch immer auf die Ansprüche und die Sichtweise des Betrachters an. Jeder muss deshalb für sich selbst entscheiden, welche Erfolgsform für ihn wichtig und erstrebenswert ist. Und ob er sich selbst dann auch als erfolgreich empfindet und mit dem Erreichten glücklich und zufrieden leben kann. Der ganz persönliche Erfolg bedeutet doch, das Beste aus sich und seinem Leben zu machen. Und sich nicht an fremden Erfolgen zu orientieren. Es geht also immer um das ganz persönliche Erfolgsrezept. Mit dem Erfolg der öffentlichen Meinung werde ich nicht unbedingt glücklich, wenn meine Wünsche, Vorstellungen und Erwartungen nicht ausreichend Berücksichtigung finden. Das persönliche Erfolgsrezept muss zu meinen Stärken und Schwächen passen. Ich muss meine persönlichen Ziele selbst definieren und nicht von anderen definieren lassen.

Ganz früher wurde Erfolg übrigens gleichgesetzt mit Sieg oder Glück. Die Bezeichnung Glück in diesem Zusammenhang ist in unserer Erfolgsgesellschaft leider in Vergessenheit geraten. Ich finde diese Umschreibung von Erfolg dennoch sehr treffend. Deshalb soll auch diese Sichtweise hier einbezogen werden.

Manipulation

Unser Erfolgsdenken wird sehr stark beeinflusst und mündet dann ganz schön oft in Manipulation. Denn täglich sind wir den diversen Reizen und Beeinflussungen sowie den Medien ausgesetzt. Manipuliert wird jedoch nicht nur unser Denken und damit verbunden die materielle Anspruchshaltung. Nein, selbst bei unserer Ernährung wird seit langem heftig an der Fassade gewerkelt. Fangen wir mal beim Gemüse mit den Tomaten an. Das Tomatenangebot ist immer schön rot und appetitlich, leider jedoch oft ohne jedes Aroma. Dafür können wir diese Gemüse über einen längeren Zeitraum lagern. Bei unbeabsichtigter längerer Lagerung von kleinen Restbeständen frage ich mich jedoch immer wieder, wie viel Manipulation, sprich Genbehandlung, in diesen roten Früchtchen wohl steckt. Aber die Fassade stimmt erst einmal. Weiter geht es an der Obsttheke. Grüne, gelbe und rote knackige Äpfel, alle von gleicher Größe und egal zu welcher Jahreszeit, sind im Angebot. Mir fällt jedoch schon über einen längeren Zeitraum auf, dass immer seltener auch ein deutscher Apfel dabei ist. Ich vermute, der deutsche Apfel passt nicht in die vorgegebene DIN-Norm und hat nicht immer dieses makellose Aussehen. Lässt er sich nicht ordentlich manipulieren?

Was bei Lebensmitteln anwendbar ist, klappt ebenfalls am Menschen. Verschönerungen in Form von aufgespritzten Lippen, korrigierten Nasen, gelifteten Wangen und Augenpartien gehören schon fast zum täglichen Leben dazu. Das ist in meinen Augen potenzierte Manipulation und ein weiteres Mittel, die ganz persönliche Fassadenmalerei zusätzlich voranzutreiben und zu unterstützen. Denn Jugend und Schönheit wird nur zu oft mit erfolgreich sein gleichgesetzt.

Doch kann man sich damit wirklich wohlfühlen, wenn beim Blick in den Spiegel einem ein fast fremder Mensch ins Gesicht schaut??? Das erinnert mich etwas an das heitere Beruferaten bei Robert Lembke in der ARD. Hier hieß es immer „Was bin ich?". Ich würde in diesem Zusammenhang eher die Frage stellen „Wer bin ich"?

Doch noch einmal zurück zur Werbung. Als Beweis für unsere Beeinflussbarkeit einige Beispiele, die einfach nicht die Realität widerspiegeln. In einer Zeit, in der wir einerseits immer älter werden wird uns mit der Werbung andererseits ganz massiv das absolute Gegenteil suggeriert. Angeblich benötigen wir laut Werbung immer früher die dritten Zähne, denn die Werbepersonen hierfür werden immer jünger.

Gleichzeitig kommen wir auch immer früher nicht mehr die Treppe hoch und runter und benötigen die entsprechenden technischen Hilfsmittel. Und das trotz Fitnessstudio und immer weiter fortschreitender medizinischer Möglichkeiten. Mal ganz ehrlich, ist das noch glaubwürdig???

Motivation

Um ein Ziel tatsächlich zu erreichen, brauchen wir Motivation. Doch was motiviert uns, und was bremst uns aus? Was drückt auf unsere Stimmung, und was macht uns so antriebslos? Was übt überhaupt oft starken Druck auf uns aus? Gedanken erzeugen Gefühle, und mit negativen Gedanken erzeugen wir ein Gefühl der Hilflosigkeit. Doch Motivation ist der Motor für so ziemlich alle Lebensbereiche und Aufgaben. Und ich bin überzeugt, selbst Schildkröten haben ihre ganz eigene Motivation, denn Zielstrebigkeit hat ja nicht unbedingt vorrangig etwas mit Tempo oder Schnelligkeit zu tun. Ein Motiv zu haben bedeutet doch zunächst einen Beweggrund oder Antrieb zu haben, der uns aktiv werden lässt. Wir müssen uns also irgendwie in Bewegung setzen. Motivation beinhaltet zunächst die Beweggründe, die unser Handeln bestimmen und vorantreiben. Je mehr Vorbehalte und Abneigung ich also bei einer Aufgabe entwickle, desto stärker/größer werden gleichzeitig meine negativen Gedanken. Ich fühle mich der Aufgabe immer weniger gewachsen und empfinde zum Schluss nur noch Hilflosigkeit. Ich setze mich deshalb erst einmal besser nicht in Bewegung. Ich ziehe lieber den Kopf ein und meine Schultern wandern immer mehr in Richtung Ohren. Vergleichbar mit dem Rückzug der Schildkröte unter ihren Panzer. Diese verkrampfte Haltung, verbunden mit dem Gefühl der Hilflosigkeit, bestätige ich dann wiederum mit meinen Gedanken, die da sein können: „Es geht nicht" und „Das kann ich nicht" oder auch einfach „Keine Lust, warum auch immer". Bildlich kann man sich das wie auf einem Karussell oder in einem Kreisverkehr vorstellen. Ich befinde mich also zum Beispiel mit meinem Auto in einem Kreisverkehr und finde einfach nicht die richtige Ausfahrt. Mich ergreift Panik. Je mehr Panik entsteht, desto weniger Ausfahrten lassen sich finden. Panik löst das Problem also nicht.

Was für die negativen Gedanken gilt, gilt aber ebenso für positives Denken. Der logische Umkehrschluss ist daher, Schultern fallen lassen, Kopf hoch und sich entspannen. Dabei entsteht dann auch eher ein Freiraum für den Gedanken: „Ich schaffe das". So finde ich schneller die richtige Ausfahrt aus dem Kreisverkehr, und ich werde auch den noch bevorstehenden Weg ohne große Umwege finden. In diesem Moment hat die Panik keine Chance mehr, denn meine Energie konzentriert sich auf eine Lösung. Und ich kann mich in Bewegung setzen. Woher stammen aber nun diese negativen Gedanken, die runterziehen? Unser Umfeld und die damit verbundenen Erfahrungen spielen hier eine wichtige Rolle.

Druck

Wir stehen immer wieder unter Druck. Zum einen durch die Ansprüche, die durch Erziehung und Umfeld entstehen. Dabei will ich nicht unterstellen, dass dieses Druck ausüben zwangsläufig ganz bewusst durch unser Umfeld betrieben wird. Ich selbst habe sehr oft festgestellt, dass dies unbewusst geschieht. Zum anderen setzen wir uns auch selber unter Druck, bedingt durch bereits gemachte Erfahrungen, aber auch durch die hausgemachten Vorstellungen und Ansprüche.

Für mein Kind nur das Beste! Aber bitte nicht im Zwangsverfahren! Solange die Kinder noch sehr klein sind, sich nicht selbst äußern beziehungsweise noch nicht selbst entscheiden können, ist diese Strategie sicher gut und richtig. Irgendwann ist dann aber der Zeitpunkt gekommen, da müssen auch Kinder ihre eigenen Erfahrungen machen, auch wenn sie schmerzhaft, ernüchternd und desillusionierend ausfallen können.
Dann gibt es da noch den Erwartungsdruck. Die Entstehung kann unterschiedliche Formen haben. Die eindeutige Variante ist die der absoluten Erwartungshaltung. Nahestehende Menschen setzen dabei für uns hochgeschraubte Ziele, die wir erreichen müssen. Das kann die Erwartung für einen super Schulabschluss sein, eine beispielhafte Berufsausbildung mit

Studium und Doktortitel. Und das Ganze möglichst mit summa cum laude.

Eine ganz andere Art von Erwartungsdruck ist mit Sicherheit auch partiell in der Mentalität der betroffenen Person begründet.

Dazu ein Beispiel:

Äußerungen von Dritten wie, es ist nicht schlimm, wenn du diese Prüfung nicht schaffst. Jeder hat eine zweite Chance. Diese gut gemeinten Worte, die den Druck aus der Situation herausnehmen sollen, können genau das Gegenteil bewirken. Der Prüfling dreht diese Worte aufgrund seiner persönlichen Wahrnehmung in eine ganz andere Richtung. Er denkt, im Prinzip glauben alle, ich bestehe diese Prüfung, nur ich selbst bin davon überhaupt nicht überzeugt. Deshalb werden dann alle total enttäuscht sein, wenn ich jetzt ihrer Meinung nach wider Erwarten nicht bestehe. Trotz der aufmunternden Worte entspreche ich dann nicht den grundsätzlichen Vorstellungen und Erwartungen. Ich bin dann nur noch eine große Enttäuschung.

Woran kann es nun liegen, dass es zu dieser individuellen Wahrnehmung des Prüflings kommt? Mir ist dazu folgende Lösung eingefallen. Die aufmunternden Worte kommen von Menschen, die an sich selbst ebenfalls sehr viel höhere

Ansprüche stellen und für sich selbst eben eine nicht bestandene Prüfung ganz entsetzlich finden würden. Also scheint es völlig unmöglich, dass sie, wie in dem beschriebenen Beispiel, auch tatsächlich denken „Ist nicht so schlimm, wenn..." Denn ihr Lebensmotto definiert sich anders.

Druck kann außerdem auch noch durch Ängste entstehen, zum einen durch eigene Ängste, zum anderen aber auch durch fremde Ängste. Doch wir dürfen unsere eigenen Ängste nicht auf andere Menschen übertragen und sie damit belasten. Denn durch diese Ängste sind wir selbst doch schon ausreichend blockiert. Projizieren wir durch unsere Haltung die eigenen Befürchtungen, Beklemmungen und Unsicherheiten auf unser Umfeld, kann das nicht wirklich gut sein. Damit ist niemandem geholfen, ganz im Gegenteil. Es besteht vielmehr die Gefahr, dass es irgendwann zu einem, ich nenne es mal etwas provokant, Urknall kommt, wenn die Beteiligten diesen Druck einfach nicht mehr aushalten können oder wollen. Und das bedeutet zunächst nur zu oft Streit, Ärger und vielleicht sogar unkontrollierte Auseinandersetzungen. Es ist aber ein Trugschluss zu glauben, dass Menschen, die immer sehr selbstbewusst auftreten, dem Geschehen eine Führung geben und Maßstäbe setzen, automatisch sehr selbstsicher und ohne Zweifel sind.

Es ist eher sehr oft festzustellen, dass gerade hinter so einer rauen und bestimmenden Fassade viele Zweifel und auch Ängste wohnen. Diese werden nur mit Lautstärke und entsprechender Anspruchshaltung überspielt und versteckt. Auch wer Konflikte lautstark austrägt, dabei buchstäblich aus der Haut fährt und sich verbal Luft macht, ist sich nicht zwingend seiner selbst sicher. Oft geht die Mär um, dass es wenigstens dem Betroffenen nach seinen verbalen Exzessen besser geht und er Erleichterung empfindet. Ich glaube das inzwischen nicht mehr. Im Gegenteil, ich gehe heute davon aus, dass es dem Betroffenen hinter dieser lautstarken Fassade eher richtig schlecht geht. Er hat zwar versucht, sein Gegenüber einzuschüchtern und gehofft, denjenigen auf diese Art und Weise auf seine eigene Spur zu bringen. Doch das gelingt langfristig nur in den seltensten Fällen. Durch das lautstarke Austragen von Meinungsverschiedenheiten wird in der Regel unterm Strich wenig geklärt. Gehen die Streithähne auseinander, herrscht zunächst „lautes" Schweigen. Und es wird im Laufe der Zeit immer schwieriger, aufeinander zuzugehen und eine einvernehmliche Lösung zu finden.

Wir stehen also aus den unterschiedlichsten Gründen immer wieder unter Druck. Doch wozu kann dieser äußere und innere Druck letztendlich führen? Er ent- oder besteht aus bekannten Situationen und bestimmten Erlebnissen, die sich immer wieder wiederholen. Gleichzeitig betreiben wir dabei dann auch noch ganz massiven Raubbau mit unserer Gesundheit. Wir selbst versuchen unsere Gedanken, unser Erfolgsdenken, unseren Körper und unsere Gesundheit in ein bestimmtes Anforderungsschema zu pressen. Miriam Meckel beschreibt es in ihrem Buch „Brief an mein Leben" sehr treffend, wie Menschen sich hinter ihrer Repräsentationsfläche, wie sie es nennt, zurückziehen, funktionieren und sich selbst bezwingen. Bis irgendwann der Körper streikt. Ein Zusammenbruch ist das Ende. Ein Ende heißt aber gleichzeitig auch die Möglichkeit für Veränderungen und die Chance für einen Neuanfang, neue Sichtweisen, Aufmerksamkeiten und Schwerpunkte, ohne Repräsentationsfläche.

TURBULENZEN

Schmetterlinge sind frei!

So lautet das gleichnamige Theaterstück von Leonard Gershe, in dem es um Wunschträume und grenzenlose Freiheit geht. Ein Konflikt zwischen zwei Generationen, Mutter und Sohn. Die Mutter möchte ihren blinden Sohn vor Enttäuschungen bewahren und schützen. Der Sohn möchte trotz seines Handicaps ein selbstständiges Leben führen. Egal ob mit oder ohne Handicap, diese Konfliktsituation findet immer wieder statt, denn wir träumen alle irgendwann einmal. Wir brauchen diese Träume alle irgendwie, auch wenn sie nicht immer in Erfüllung gehen. Dennoch versucht jeder auf seine eigene Art, diese Träume und Vorstellungen umzusetzen. Dabei stoßen wir schnell auf Grenzen, Unverständnis, Besserwisserei, große Besorgnis, Klischees, Voreingenommenheit und last but not least, auf viel Liebe. Denn gerade weil uns unsere Kinder so nahestehen und wir sie so sehr lieben, fällt es oft so schwer, sie frei fliegen zu lassen wie Schmetterlinge. Dabei hatte jeder doch selbst bestimmt irgendwann einmal diese Träume von Freiheit, Luft und Abenteuer. Schon vergessen? Das Wissen um die eigenen Träume sollte uns großzügiger werden lassen. Was vielleicht bei uns selbst nicht so ganz geklappt hat, dürfen wir trotzdem anderen und vor allem unseren Kindern von ganzem Herzen gönnen. Wir argumentieren leider oft mit Leichtsinn, Blauäugigkeit und drohenden Gefahren.

Wir wollen beschützen, lieben und gleichzeitig auch ein wenig die Fäden in der Hand behalten. Geht nicht! Und vor allem, wenn wir darauf beharren, es geht nicht gut, jedenfalls nicht in dem Sinne, in dem wir es uns vorstellen. Leider geht der Schuss oft nach hinten los, und wir erreichen genau das Gegenteil. Die eine Seite fühlt sich einerseits immer wieder verantwortlich, möchte es andererseits aber vielleicht gar nicht mehr in diesem Umfang sein. Die andere Seite fühlt sich eingeengt und spürt mehr Druck als Fürsorge. Und dann ist es schon wieder soweit – wir fühlen uns nicht wohl in unserer

Haut. Der kluge Spruch „leben und leben lassen" passt auch ganz gut in unsere Gefühlswelt. Können wir loslassen, so bedeutet das doch auch, dass wir Vertrauen haben. Und was ehrt uns mehr, wenn nicht ein in uns gesetztes Vertrauen. Schmetterlinge müssen fliegen dürfen, und mit Vertrauen klappt es besser. Dann ist die Chance auch größer, dass sie immer wieder mal bei uns vorbeischauen. Und das ist dann ein ganz wunderbares Gefühl. Dennoch fragt man sich vielleicht, wo so viel Aufbruchstimmung herkommt. Vielleicht ist es ja folgendermaßen: Über mehrere Generationen hinweg gesammelter Tatendrang kommt hier zum Ausdruck. Die Vorfahren durften, konnten oder trauten sich nicht, Träume oder Vorstellungen zu realisieren. Und die allgemeinen wirtschaftlichen Bedingungen sowie unsere Gesell-schaftsregeln waren auf ganz andere Art und Weise enger. Heute gibt es einfach viel mehr Anregungen und Möglichkeiten, Träume und Reize tatsächlich zu leben. Jeder von uns lebt in seiner ganz eigenen Welt. Das kann sich räumlich sowie gedanklich darstellen. Der Eine liebt seinen Garten und möchte auch möglichst viel Zeit dort verbringen. Der Andere ist lieber unterwegs auf Reisen und möchte fremde Länder kennenlernen. Und der Dritte lebt in einer fantastischen Bücherwelt. Alle drei fühlen sich dennoch wohl, dort wo und wie sie leben.

Schmetterlinge müssen fliegen, dies zu akzeptieren fällt trotzdem manchmal schwer. Loslassen heißt hier wohl wieder einmal das Zauberwort. Loslassen ist die eine Seite, doch wie bei so vielen Dingen gibt es dabei auch eine Kehrseite. Ich möchte es mal eine zweite Variante nennen, die ich an dieser Stelle auch betrachtet wissen möchte. Denn, was für den Einen Freiheit bedeutet, zieht auf der anderen Seite trotzdem Enge nach sich, ob wir es wollen oder nicht. Es ist einfach so. Die Freiheit des Schmetterlings ist überhaupt nur unter bestimmten Voraussetzungen möglich. Es kann darum also nicht nur Schmetterlinge geben. Denn die Freiheit der „Schmetterlinge" basiert fast automatisch auf der Unfreiheit der „Spießer". Doch sozusagen als Lohn dafür, werden die „Unfreien" von den „Freien" obendrein noch kritisiert und im negativsten Sinne als angepasst beurteilt. Doch was passiert, wenn der Schmetterling strauchelt? Dann geht es doch zurück ins sichere Auffangnetz der Unfreiheit. Die Freiheit lebt also irgendwie auch von den Menschen, die spießig ihre Arbeit machen. Denn ohne die, die jeden Tag brav einem Job nachgehen, würde kein Bankkonto geführt werden können, kein Reisepass ausgestellt werden und kein Flieger in die große Freiheit starten können. Und es gäbe kein Sozialgefüge, das Abstürze mildert. Insofern wird also die Freiheit der Schmetterlinge auch zukünftig für alle Beteiligten eine schwierige Sache bleiben. Es wird aber wahrscheinlich auch in 100 Jahren kein Patentrezept dafür geben, dieses

Problem besser zu lösen. Auch nachfolgende Generationen werden sich dieser Herausforderung immer wieder zwangsläufig stellen müssen.

Anspannung pur

Meine angespanntesten Zeiten entstehen oft durch selbst produzierten Druck. Das sind Situationen, die nicht meinen eigenen Vorstellungen entsprechen. Außerdem verbinden sich unangenehme Erfahrungen der Vergangenheit mit der Gegenwart. Ich habe dann zwar eine Verbindung zu meiner Umwelt, es fehlt mir aber zunächst an Pragmatismus, die Brücke zur Außenwelt zu überqueren. Ich weiß, mit mehr Pragmatismus lebt es sich leichter, dennoch schaffe ich es nicht immer, diese Erkenntnis auch praktisch umzusetzen. Und so beginnt es: In bestimmten Situationen / Entwicklungen oder Veränderungen macht sich ein unruhiges Kribbeln im Bauch bemerkbar, das langsam aber sicher immer stärker wird. Bei extremer Steigerung (und man kann sich da auch super selbst anheizen) meine ich, kaum die Füße still halten zu können. Ich mag dann auch kaum mit jemanden reden, jedes Geräusch und jede Aktion im nahen Umfeld stört und nervt. Ich habe zwar schon gelernt, damit besser umzugehen. Vielleicht sehe ich die Dinge tatsächlich auch etwas pragmatischer. Aber es wäre ein glatter Selbstbetrug zu behaupten, ich komme inzwischen wunderbar mit diesen Situationen klar. Ich habe immer wieder mal das Gefühl, eine Zerreißprobe bestehen zu müssen. Und ich merke immer noch, dass es mir immer an bestimmten Stellen an Gelassenehit und innerer Ausgeglichenheit fehlt. Ich bin also noch nicht am Ziel.

Manchmal bedarf es offenbar aber trotzdem so einer Art von Extremsituation. Vielleicht kann man es ja auch Schock-wirkungen nennen, die einfach nötig sind, um Dinge klarer erkennen zu können und um sie danach auch ohne Zorn, Wut oder schlechtem Gefühl im Bauch zu akzeptieren. Auch an dieser Akzeptanz ist immer wieder zu arbeiten. Das geht aber offenbar eben nur mithilfe von diesen besagten Extremsituationen. Ist dieser Prozess dann abgeschlossen hält die Entspannung Einzug. Und dann fühl ich mich auch wieder wohl in meiner Haut. Diese Prozesse sind also durchaus nützlich, wenn auch anstrengend. Das habe ich jedenfalls für mich in diesem Zusammenhang beschlossen bzw. gelernt, denn ich habe das gute Gefühl auf diesem schwierigen Weg zu mehr Pragmatismus, Schritt für Schritt voran gekommen zu sein und etwas dazu gelernt zu haben. Es reicht aber tatsächlich aus, Situationen dieser Art auf ein Minimum zu beschränken. Und daran lohnt es sich immer wieder zu arbeiten, zum Beispiel mit einer besseren Kommunikation.

Kommunikation & Co

Vor Kurzem habe ich ein kleines Büchlein geschenkt bekommen, über das ich mich sehr gefreut habe. Deshalb möchte ich es hier erwähnen, passt es doch gut zum Thema. Der Titel lautet:

„Das ist ein Buch" von Lane Smith

Es umfasst nur 20 Seiten. Und erklärt wird das Objekt Buch im Dialog zwischen Esel und Affe. Die Illustrationen erinnern an ein Kinderbuch und sind wunderschön ins Bild gesetzt. Das Gespräch zwischen dem im Buch lesenden Affen und dem immerzu nachfragenden Esel zeigt in seiner Einfachheit, wie wertvoll ein ganz normales Buch mit Papierseiten ist. Der Esel kann zwar wundervoll mit seinem Computer umgehen, hat aber überhaupt gar keine Vorstellung davon, was ein Buch ist und welchen Wert es haben kann. Man kann damit zwar nicht simsen, bloggen, scrollen oder twittern, aber man muss es auch nicht aufladen. Selbst wenn 100 Leute das Buch gelesen haben, hat es immer noch den gleichen Informationswert und braucht keinen Strom, um für den Nächsten auch noch lesbar zu sein. Es kann die Fantasie anregen, und man braucht keine Angst vor schädlichen Strahlungen zu haben. Dieses kleine Büchlein bringt den Leser auf der einen Seite immer wieder zum Schmunzeln, auf der anderen Seite zeigt es erschreckend deutlich, dass wir vielleicht innerhalb kurzer Zeit vergessen haben werden, was ein Buch überhaupt ist. Tröstlich ist zum Schluss aber doch, dass der Esel von dem Erlebnis „Buch" doch so fasziniert ist, dass er „ES" nicht mehr hergibt. Daraufhin macht der Affe sich auf in die nächste Buchhandlung. Bleibt also nur zu hoffen, dass auf diesem Wege das gute alte Buch doch nicht ganz in Vergessenheit gerät.

Dieses kleine Buch zeichnet gleichzeitig ein Bild unserer aktuellen Art der Kommunikation. Wir simsen, mailen und twittern, das Ganze immer auf höchstem elektronischen Niveau, aber ohne uns dabei ins Gesicht sehen zu können, ohne eine menschliche Regung hautnah spüren zu können. Oft laufen mehrere „Gespräche" so nebeneinander. Und wahrscheinlich ist diese Art der Kommunikation auch vorrangig dafür gedacht, kurzfristig einfach nur Informationen bzw. kurze Mitteilungen auszutauschen. Dennoch missbrauchen wir diese Möglichkeit auf das Schlimmste. Ich selbst stelle immer wieder fest, dass ein längerer Kontakt, Gespräch möchte ich es ganz bewusst nicht nennen, per MSN zum Schluss die Deutsche Sprache auf Fragmente zusammenschrumpfen lässt. Es beginnt damit, dass Groß- und

Kleinschreibung vernachlässigt wird, Kommata und andere Satzzeichen fehlen irgendwann vollständig. Und die Rechtschreibung mutiert zum Kretin. An diesem Punkt ist dann Schluss für mich, und ich beende diese Kommunikation so bald wie möglich, denn so richtig kommunikativ finde ich diese Art des so genannten Gespräches dann nicht mehr.

Die Zahl der Schlichter, Schiedsmänner, Mediatoren, Konfliktberater, Coaches und psychologischer Berater wird immer größer. Für mich ist das ein ganz deutliches Zeichen dafür, dass mit unserer Kommunkation etwas nicht stimmt. Genau so, wie im „Gespräch" per MSN etwas nicht mehr stimmt. „Wir reden einfach zu wenig richtig miteinander!" Oder, wir sprechen nicht darüber, was uns wirklich stört oder bedrückt. Doch irgendwann läuft dann das berühmte Fass über bzw. wir müssen uns mitteilen, und es kommt dann aber zu einem handfesten Konflikt. Denn alles, was da so aus uns herausbricht, ist dann kein normales wirklich kommunikatives Gespräch mehr, sondern mündet in unsachlichem Ärger, Zorn und Streit. Also auch nicht die Art einer Kommunikation, die wünschenswert ist. Gerade in einer Zeit, in der auch das Burnout-Syndrom und Depressionen immer mehr um sich greifen, erscheint mir das Thema Kommunikation deshalb umso wichtiger zu sein. Denn beim Burnout-Syndrom sind die

Betroffenen in puncto Kommunikation auf dem Rückzug. Die alte Redewendung „Reden ist Silber, Schweigen ist Gold„ trifft hier eher nicht zu. Der Umkehrschluss bringt in diesen Fällen eher positive Resultate hervor.

Mit unterschiedlichen Kommunikationssystemen habe ich mich erstmals etwas genauer während meines Studiums beschäftigt. Dabei ging es zunächst nur um die klassischen Modelle von Ein- und Zweiwegkommunikation innerhalb eines Unternehmens. Wie kann innerhalb einer Firma Kommunikation stattfinden, in diesem Fall auch ohne, dass sich hierfür die Mitarbeiter direkt gegenüber sitzen. Und welche Hilfsmittel können dazu eingesetzt werden. Darüberhinaus ging es außerdem um Kommunikation als Marketinginstrument, also um die beeinflussende Kommuni-kation im Bereich der Werbung. Mit welchem Medium erreiche ich meine Zielgruppe am besten und beeinflusse so zielgerichtet den potenziellen Kunden, visuell oder akustisch, aber auch in Kombination, damit der Kunde mein Produkt kauft. Diese Form der Kommunikation gipfelt dann in meinen Augen in die bereits erwähnte Manipulation, die ich nicht besonders erstrebenswert finde. Doch zunächst zurück zu den Anfängen. Die Ausgangsposition und Grundannahme für Kommunikation überhaupt, lässt sich folgendermaßen beschreiben:

Die Übermittlung einer Information von einem Sender an einen Empfänger bedeutet Kommunikation. Und Sender sowie Empfänger müssen die gleiche Sprache sprechen, damit sie sich überhaupt verstehen können.

Bei dieser Form des Informationsaustausches sprechen wir von verbaler Kommunikation. Wichtig ist dabei auch, dass diese Verbindung wechselseitig genutzt wird, sonst funktioniert Kommunikation nicht, und wir befinden uns schnellstens in einer Einbahnstraße. Das ist jedoch nicht die einzige Art miteinander in Kontakt zu treten. Die Alternative zur verbalen Kommunikation ist die Körpersprache mit ihrer Gestik und Mimik, also die nonverbale Kommunikation. Monika Matschnig beschreibt in ihrem Buch „Körpersprache" sehr genau und eindrucksvoll die einzelnen Facetten. Es ist erstaunlich, was wir allein durch unsere Körperhaltung, bestimmte Gesten und unseren Gesichtsausdruck lautlos mitteilen. Denn ohne überhaupt nur ein einziges Wort gesagt zu haben, ist dennoch eine erste Kommunikation zustande gekommen. Und das sogar innerhalb von Bruchteilen einer einzigen Sekunde. Mit Outfit und wohl gesetzten Worten können wir unser Gegenüber vielleicht eine Zeitlang täuschen. Doch unser Körper spricht eine ganz andere eigene Sprache und verrät uns bei genauerer und geschulter Betrachtungsweise. Die Körpersprache ist eine Ausdrucksweise, mit der wir uns nur bedingt auf Dauer verstellen können. Darin spiegelt sich schneller als wir denken Unsicherheit, Angst oder Wut wider. Gefühle, die wir nicht so einfach unterdrücken und ausblenden können.

In diesem Zusammenhang möchte ich auch das Thema Burnout-Syndrom einbeziehen. Heute, man kann schon fast vom Zeitalter des Burnout-Syndroms sprechen, wird das gesamte Thema Kommunikation mit all seinen Möglichkeiten und Ansatzpunkten immer bedeutender. Außerdem ist es auch immer wieder beeindruckend, welche Rolle dabei unsere Körperhaltung tatsächlich spielt. Allein die Körperhaltung kann meine Stimmung maßgeblich beeinflussen und gleichzeitig sende ich auch noch Zeichen und Informationen an meine Umwelt aus. Ich kommuniziere also bereits. Eine gekrümmte Körperhaltung zum Beispiel forciert auch eine gedrückte Stimmung und kann so richtig traurig machen. Diese Erkenntnis passt zu dem bereits beschriebenen Gefühl der hochgezogenen Schultern mit eingezogenem Kopf. Wir fühlen uns selbst nicht wohl, und unsere Mitmenschen können es von unserer Körperhaltung ablesen. In diesem Moment hören wir mit den Augen. Gedrückte Stimmung ist unter anderem ein Symptom von Burnout. Der Körper sendet zwar Signale aus, dennoch fehlt ergänzend dazu die verbale Kommunikation. Hierzu ein ganz banales Beispiel aus meinem Alltag. Der morgendliche Spaziergang mit unserem Hund hat mich nicht unbedingt jeden Tag fröhlich aus dem Haus stürmen lasssen. Besonders in der kälteren Jahreszeit hat es mich manches Mal Überwindung gekostet, die Begeisterung unseres Vierbeiners zu teilen. Auf dem Weg in den Wald stellte sich dann oftmals diese Schulter- und Kopfverspannung ein, und die Kälte machte sich immer mehr in mir breit. Auf halbem Wege wurde mir diese verkrampfte Haltung dann aber doch bewusst, und ich konnte ganz gezielt die Schultern fallen lassen und den Blick in den Himmel lenken. Nach kurzer Zeit stellte sich Entspannung ein, und mir wurde sogar langsam warm. Ich hatte sogar das Gefühl, dass sogar meine Gesichtszüge einen freundlicheren Ausdruck annehmen. Dadurch wurde ich auch ansprechbarer. Nun kann man behaupten, das Wissen um die Körpersprache lässt auch hier Manipulationen zu. Denn der Einsatz der Körpersprache lässt sich ganz gezielt erlernen und entsprechend einsetzen. Dieses Argument soll nicht ganz außer Acht gelassen werden. Die Körpersprache ist sicherlich auch ein Instrument, mit dem es mir möglich ist, mein Gegenüber zu täuschen. Das wird aber immer nur bis zu einem gewissen Punkt klappen. Ich beziehe die Möglichkeiten der Körpersprache jedoch aus einem ganz anderen Blickwinkel in die Betrachtung ein. Nämlich ausschließlich unter dem Aspekt „ich möchte mich wohl fühlen in meiner Haut". Ich finde es eher wichtig, meine Körpersprache dahingehend zu verbessern, damit ich mich in einer bestimmten Situation besser fühle. Das kann eine Situation sein, von der ich zuvor schon weiß, dass ich ihr mit einer gewissen Anspannung entgegen sehe, zum Beispiel einem Bewerbungsgespräch. Eine entspannte Körperhaltung in einer anstrengenden und hoch konzentrierten Situation trägt dazu bei, dass ich mich in dieser Situation auf das Wesentliche konzentrieren kann. Dadurch erhalte ich einfach mehr Sicherheit, beispielsweise in einer Prüfungssituation oder bei einem Zusammentreffen mit wichtigen Geschäftspartnern. Es geht also nicht darum, zu bluffen und eine Fassade vor mir her zu tragen, sondern gelassener und authentisch zu werden. Und das sind genau die Signale, die ich unter anderem mit meiner Körperhaltung aussende.

Im Spiegelbild

Ist Ihnen das auch schon mal passiert? Sie machen während eines Gespräches eine Geste oder Handbewegung und haben plötzlich das Gefühl, das bin gar nicht ich selbst. Es ist so, als wenn ein anderer Mensch mir über die Schulter schaut und ich in seinem Stil agiere. Und das finde ich erschreckend. Mir ist es einmal ganz extrem so während eines Telefongespräches ergangen. Das Gespräch dauert länger, und deshalb bin ich währenddessen von einem Raum in den anderen gegangen. Auf diesem Weg kam ich an einem Spiegel vorbei und auf einmal schaute mir eine ganz andere, aber mir bekannte Person ins Gesicht. Dennoch habe ich mich sehr erschrocken, denn was ich da sah, hat mir überhaupt nicht gefallen. Das war nicht ich und so wollte ich auf gar keinen Fall sein. Ich stellte mir nun die Frage, warum ich an dieser Stelle eine Mimik und Gestik übernommen hatte, die erstens überhaupt nicht zu meinem übrigen Wesen passte und die ich zweitens bei dieser anderen Person auch nicht schön finde und deshalb kritisiere. Bestimmend, exzentrisch und dominant. Und obendrein in dieser Situation furchtbar angestrengt. Nein, so geht das nicht. Seit dieser Erfahrung versuche ich kontinuierlich, dieses Phänomen abzubauen. Ich ertappe mich inzwischen natürlich sehr viel schneller, wenn es mal wieder soweit ist und ich sozusagen in diese „Negativrolle" schlüpfen will. Doch ich kann nun besser gegensteuern und finde bereits im Ansatz einer solchen Situation wieder zu mir zurück. Dennoch bleibt die Frage, wie kommt es überhaupt zu Spiegelbildern dieser Art? Offenbar, oft ganz unbewusst, übernehmen wir Gewohnheiten oder Reaktionen, weil sie in unserem näheren Umfeld öfter auftreten. Und vielleicht empfinden wir diese Vorgehensweise und Reaktion in bestimmten Situationen als besonders selbstbewusst. Darum ergibt sich der Eindruck, dass Ärger oder Meinungsverschiedenheiten an dieser Person eher abprallen. Es könnte sich also um einen Schutzmechanismus handeln. Soweit die optische Wahrnehmung. Wir hinterfragen dabei aber nicht, ob dieser Schutzwall auch tatsächlich schützt. Zum einen die Person, bei der wir ihn kennengelernt haben und zum anderen uns selbst. Vielleicht brauchen wir einen ganz anderen Schutz, der den persönlichen Bedürfnissen mehr entspricht und den Menschen so präsentiert, wie er tatsächlich empfindet. Wir müssen uns fragen, ob uns diese Ange-wohnheiten tatsächlich die Sicherheit geben, die wir in der entsprechenden Begegnung dann brauchen. Diese Frage stellen wir uns aber erst dann, wenn uns, wie im Fall des Spiegelbildes, der negative Beigeschmack sozusagen ins Gesicht springt. Und erst dann haben wir auch die Chance, diese Angewohnheiten, die ebenfalls eine Fassade darstellen, abzubauen.

Ich bin für mich zu dem Schluss gekommen, dass ich diese Züge in dieser Form kopiert habe, weil ich glaubte, so funktioniert Selbstbewusstsein. Denn ich habe in diesem Zusammenhang auch selten Tränen gesehen, die Schwäche signalisiert hätten. Ich glaubte, mit dieser Reaktion, Mimik, Gestik und mit bestimmten scharfen Formulierungen, in Wort und per Stimme, eine schwierige Situation besser im Griff zu haben. Doch sicher und wohlgefühlt habe ich mich damit trotzdem nicht. Aber genau das habe ich immer im Ursprung dieser Äußerungen und Reaktionen bei der Person meines Spiegelbildes geglaubt und vorausgesetzt. Dass dieser Mensch sich in dieser Haltung gut und sicher fühlt. Weit gefehlt! Doch erst diese Erkenntnis von Ursprung und Wirkung hat mir geholfen, zu meiner eigenen Mimik und Gestik zu stehen. Und mit dieser Erkenntnis geht es mir inzwischen ganz eindeutig besser.

Was uns krank macht!

„Es gibt Rückmeldungen, die mit einem einzigen Satz alles in Schutt und Asche legen."

(Barbara Berckhan)

Anerkennung bekommen und Ansprüche stellen. Für mich sind diese beiden Dinge irgendwie zwangsläufig sehr eng miteinander verbunden. Wir orientieren uns einerseits oft stark in Richtung Anerkennung, die wir von unseren Mitmenschen erhalten möchten. Andererseits legen wir die Latte im Hinblick auf unsere eigenen Ansprüche gleichzeitig sehr hoch. Gemeint sind die Ansprüche, die wir zum Beispiel an unser Umfeld und damit auch an das gesamte Sozialsystem stellen. Gerade ein Sozialsystem besteht immer noch auf dem Grundprinzip von geben und nehmen (ähnlich wie beim Tauschgeschäft) und bedarf deshalb einer gewissen Ausgewogenheit. Daran krankt es heute nur leider zu oft. An dieser Stelle ist nämlich im Laufe der Zeit eine große Lücke entstanden. Doch jeder ist ein Teil dieses Systems und jeder muss darum auch seinen Beitrag leisten. Dabei sind natürlich auch kritische Betrachtungen nötig. Kritik kann ein Beitrag für eine bessere Lösung sein und damit sehr konstruktiv. Leider ist jedoch zu oft das Gegenteil der Fall.

Nämlich dann, wenn Kritik nur verletzend und zerstörend angewendet wird. Dann trägt sie nicht mehr zum Gelingen einer Idee bei. Barbara Berckhan ist Diplom-Pädagogin und Kommunikationstrainerin. In ihrem Buch „Jetzt reicht's mir!", erschienen im Kösel-Verlag, geht es um das Thema „Wie Sie Kritik austeilen und einstecken können". Im Mittelpunkt stehen Anerkennung und Anspruch. Konstruktive Kritik kann jeder gebrauchen und diese ist ja auch oft notwendig und gut. Kritik in Extremform, niederschmetternd und vernichtend, hilft aber nur dem Kritiker weiter und ist weit entfernt von einer konstruktiven Meinungsäußerung. Deshalb soll hier die Geschichte vom „Türmchenzerstörer" kurz erwähnt werden. Alleine schon die Kreation dieses Namens „Türmchenzerstörer" hat mich einerseits fasziniert und andererseits den einen oder anderen Türmchenzerstörer in meinem Umfeld ganz schnell entlarvt. Es handelt sich hierbei um Menschen, die mit einem einzigen Satz ihrer Kritik jeden Vorschlag, jedes Projekt und jede Präsentation eines anderen zerstören. Hier handelt es sich aber nicht mehr um konstruktive Kritik, sondern nur noch um Zerstörungswut, die ausschließlich verbrannte Erde hinterlässt. Kritik in dieser Form ist dauerhaft eine Belastung und schwer auszuhalten. Je nach Mentalität der Betroffenen kann diese Situation auch krank machen. Auch hier ist wieder das Burnout-Syndrom anzuführen.

Auch an dieser Stelle ist die Frage zu beantworten, was sich so ein Kritiker dabei denkt? Welche Ziele, Vorstellungen und Projekte verfolgt er selbst? Schaut man genauer hin, stellt man fest, dass der Kritiker hier nicht gut bestückt ist. Keine Projekte, keine Vorstellungen, keine konstruktiven Ideen oder Alternativen. Er lebt sozusagen auf Kosten beziehungsweise von der Arbeit derer, die er nieder macht. Keine schöne Vorstellung. Doch aufgrund dieser Erkenntnis ist man nun besser vorbereitet, sollte ein Kritiker dieser Art mal wieder sein Unwesen treiben und unseren Weg kreuzen. Für den Fall einer Begegnung mit einem Türmchenzerstörer habe ich deshalb inzwischen eine ganz simple aber doch recht wirkungsvolle Frage parat: „Und welchen Ihrer/Deiner Wünsche oder Träume haben Sie/hast Du schon verwirklicht?" Es ist erstaunlich, wie still so ein Türmchenzerstörer dann auf einmal sein kann, denn hierauf weiß dieser in der Regel so schnell keine Antwort. Darauf ist er überhaupt nicht vorbereitet, denn er hat keine eigenen Projekte und ist leider oft sehr fantasielos. Sonst hätte er auch nicht so viel Zeit und Freude daran, fremde Ideen so schamlos runterzuputzen. Doch nicht nur Kritik, sondern auch zum Beispiel zeitliche Rahmenbedingungen belasten uns. Und so fühlen wir uns ständig und überall unter Erfolgszwang und unter Leistungsdruck. Wir fühlen uns einerseits überfordert, können aber andererseits Aufgaben nur schwer delegieren. Dazu kommt noch der ganz eigene Anspruch auf Perfektionismus, der wiederum mit Anerkennung belohnt werden soll. Es entsteht eine fatale Zwickmühle. Das Gefühl, alle Last allein tragen zu müssen, liegt schwer auf den eigenen Schultern. Und so ist der Weg ins Burnout-Syndrom auch an dieser Stelle oft nicht mehr weit. Burnout ist eine Krankheit unserer schnellen, hektischen und reizüberfluteten Zeit. Burnout tritt situationsbedingt auf, zum Beispiel im Beruf am Arbeitsplatz, aber durchaus auch eine angespannte familiäre Situation kann zum Burnout führen. Stress, Mobbing und zu viel Arbeit bei unangemessener Entlohnung sind jedoch die meisten Gründe, die dazu führen. Dabei spielt natürlich auch die persönliche Belastbarkeit eine wesentliche Rolle. Wir kämpfen dabei innerlich gegen bestimmte Lebenssituationen an und verbrauchen dabei auf Dauer viel zu viel Energie. Mehr, als uns im Prinzip zur Verfügung steht. Wir zehren dabei bis zur Erschöpfung von unserer Substanz. Und das ist das Problem, denn Burnout ist ein Prozess, der sich über Jahre einschleichen und entwickeln kann. Erschöpfung und negative Gefühle werden verdrängt und so nicht real wahrgenommen, wir brennen aus, die Leistungsfähigkeit wird vermindert. Damit nicht genug, ist der Alltag dann irgendwann nur noch schwer in den Griff zu bekommen. Die beruflichen Anforderungen können nicht mehr bewältigt werden, es entsteht ein absoluter Erschöpfungszustand.

Abgrenzungen

Im langfristigen Verlauf kann aus Burnout eine Depression werden. Ich habe mich immer wieder nach dem grundsätzlichen Unterschied zwischen Burnout und Depressionen gefragt. Wo ist hier die Grenze zu ziehen? Oder handelt es sich um ein und dasselbe Krankheitsbild mit einfach nur zwei verschiedenen Namen? Denn die Depression ist eben auch nicht sofort auf den ersten Blick zu erkennen. Manche Symptome ähneln sich. Und es ist recht schwierig, mit beiden Krankheiten umzugehen. Leider fühlt sich der Laie als Freund oder Familienmitglied hier sehr oft hilflos, weil er die Anzeichen meist erst sehr spät erkennt, um sie dann auch noch entsprechend deuten zu können. Hier seien nur einige Symptome genannt, die im Zusammenhang mit Depressionen auftreten können:

Kopfschmerzen
      Herz-Rhythmusstörungen
         Lustlosigkeit
           Gefühl der Wertlosigkeit
Verlust von Freude dafür tiefe Trauer
      Innere Unruhe
         Schlafstörungen
           Verlust des Geschmackssinns
             Antriebslosigkeit

Dennoch, die Krankheit kündigt sich nicht wie ein grippaler Infekt an, sie ist irgendwann einfach da. Und ohne ärztliche Hilfe gibt es hier bei allem guten Willen kein Entkommen, denn alle Lebensbereiche werden von dieser „Stimmung" überschattet und stark beeinflusst.

Was sagt uns Anerkennung?

„Woher will ich wissen,
dass der Mensch, der mir
zustimmt, Recht hat?"

(Peter Lauster)

Viel wichtiger ist meine eigene Wertschätzung im Hinblick auf meine eigene Person. Sonst definiere ich mich doch nur über die Anerkennung anderer bzw. über mein Umfeld. Dadurch beschreite ich aber vielleicht den völlig falschen Weg. Diese Einstellung zu finden, fällt uns sehr schwer. Kinder brauchen Zuspruch, Anerkennung und Lob. Damit wird das Selbstwertgefühl und das Selbstbewusstsein gestärkt. Dennoch ist irgendwann der Zeitpunkt erreicht, an dem wir aus dieser Phase herausgewachsen sind. Dann sind wir für uns selbst verantwortlich. Es ist dann zwar schön, wenn wir durch Gesten oder Worte unserer Mitmenschen Bestätigung, also Anerkennung bekommen. Aber das darf nicht zum Zwang werden. Am Anfang meines Berufslebens habe ich die Erfahrung gemacht, dass bereits das schweigende Akzeptieren einer Arbeit Lob bedeutet hat. Die Arbeit wurde kommentarlos registriert, aber in den seltensten Fällen kommentiert. Auf meiner Seite haben sich da zunächst Zweifel eingestellt, ob die Dinge gut laufen, denn es gab für mich zunächst keine greifbare Bestätigung dafür. Es hat sich dann aber bald herausgestellt, dass in diesem Fall ein Schweigen schon als Lob zu interpretieren war. Also in diesem Fall Wertschätzung und auch Anerkennung ohne Worte.

Dennoch: „Vielleicht liegt er mit seiner Wertung ganz schief, und sein Lob bestärkt mich in einer falschen Richtung, oder seine Kritik ist falsch aus mangelnder Erfahrung, und er manipuliert mich, etwas zu unterlassen, einen Weg nicht zu gehen, der sehr fruchtbar gewesen wäre!" Dieser Satz stammt von Peter Lauster aus seinem Buch „Wege zur Gelassenheit". Und er fordert dazu auf, den Wunsch nach Anerkennung einmal von einer ganz anderen Seite zu betrachten. Für mich war diese Betrachtungsweise sehr wirkungsvoll, zeigt sie doch, dass Anerkennung uns auch in die völlig falsche Richtung schicken kann. Und dann wird doch aus der Anerkennung, die auch mit Ansehen und Erfolg im Zusammenhang steht, ein Flop. Es geschieht also genau das Gegenteil von dem, was wir uns wünschen. Diese Betrachtungsweise ist für mich ein Plädoyer dafür, einfach dem eigenen Gefühl zu folgen und nicht auf Zuspruch und Anerkennung der Umgebung zu setzen. Wichtig erscheint mir auch, nicht ausschließlich Anerkennung und Wertschätzung von anderen zu erwarten und selbst sehr zurückhaltend damit zu sein. Auch an dieser Stelle ist ein geben und nehmen wichtig. Es kommt auf die Ausgewogenheit an. Außerdem ist ja manchmal nicht das Ereignis entscheidend, sondern die Bedeutung, die wir dem Ereignis geben. Und diese Bedeutung ist das Ergebnis unserer Wahrnehmung. Sehr oft werden Personen von ihren Mitmenschen in bestimmte Schubladen einsortiert und abgelegt. Wer einmal in einem bestimmten Fach gelandet ist, kommt da so schnell nicht wieder raus, egal welche Anstrengungen diese betroffene Person auch unternimmt. Veränderungen werden selten, erst sehr spät und in manchen Fällen überhaupt nicht wahrgenommen. Und so bleibt es nur zu oft bei dem vorgefertigten Schubladendenken. Ich habe das Thema Schubladendenken einmal in einer Auseinandersetzung direkt angesprochen. Mein Gegenüber hat mich so in etwa in das Fach mit der Aufschrift „Seelchen" gesteckt. Nach dieser Zuordnung war diese Schublade nun fest verschlossen, Änderung unmöglich. Ich habe dann im Verlauf des Gespräches versucht darauf aufmerksam zu machen, dass ich nicht in diese Schublade gehöre und dass mein Gegenüber diese Einsortierung einmal für sich in Ruhe überprüfen möge. Ansonsten würde ich ein weiteres Gespräch als ziemlich sinnlos empfinden. Ich kann strampeln und mich auf den Kopf stellen, ich komme ohne eine andere Wahrnehmung meines Gesprächspartners nicht aus dieser Schublade heraus. Leider war daraufhin unser Gespräch ganz kurzfristig beendet. Mein Gegenüber wollte oder konnte nicht darüber sprechen. Damit ist die Kommunikation abgebrochen. Dem stand ich ziemlich machtlos gegenüber. Doch ich habe inzwischen für mich entschieden, ich darf trotzdem anders sein und sitze nicht in dem Schubfach „Seelchen". Rückwirkend betrachtet, glaube ich heute auch, dass es der betroffenen Person tatsächlich nicht möglich war, in diesem Moment darüber zu reflektieren.

INITIATIVE

Unterschiedliche Wahrnehmungen

Gleiche Worte können einen ganz unterschiedlichen Sinn erhalten. So ergeben sich jede Menge Missverständnisse.

Massive Unterschiede zeigen sich darum bei der selektiven Wahrnehmung im Vergleich mit der objektiven Wahrnehmung. Wenn ich mit meinem Mann in einem Restaurant sitze, so trennt sich unserer beider Wahrnehmung zum Beispiel ganz extrem in visueller und akustischer Hinsicht. Mein Mann ist mehr auf die Geräusche bzw. Stimmen und Gespräche spezialisiert. Für mich dagegen tritt die Geräuschkulisse eher in den Hintergrund, weil ich mich vorrangig auf meinen direkten Gesprächspartner konzentriere. Dafür prägen sich mir die Dinge sehr genau ein, die ich sehe. Also Personen, Dekorationen und Farben. Wie unterschiedlich unsere Wahrnehmung außerdem noch sein kann - also prinzipiell die eigene und die anderer Menschen - zeigt auch die folgende Geschichte:

Ich hatte eine langjährige Schulfreundin, mit der ich gemeinsam über zwölf Jahre lang die Schulbank gedrückt habe. Selbst nach dem Abitur gab es es immer noch über eine längere Zeit regelmäßige Treffen. Besonders zum Ende der Schulzeit war unsere Freundschaft recht eng. Und trotzdem hatte ich manchmal das Gefühl, dass die Zuneigung oder

Bindung für sie nicht so bedeutend oder intensiv war, wie für mich. Begründet sah ich dies in unserem recht unterschiedlichen Temperament und Freundeskreis. Sie die Quirlige und immer mittendrin. Ich die Ruhige, Zurückhaltende. Sie kam mir immer sehr selbstbestimmt vor. Die Geschichten von elterlichen Verboten und Reglementierungen, immer sehr theatralisch dargestellt, kamen mir deshalb so unwirklich vor. Diese beiden Extreme passten für mich überhaupt nicht zusammen. Und irgendwann haben uns dann die unterschiedlichen Berufswege auseinandergeweht. Die Verbindung riss komplett ab. Fast 30 Jahre später haben wir uns auf einem Klassentreffen wiedergesehen. Es gab keine Hemmschwellen und keine 30jährigen Kluften, die es zu überbrücken galt. Wir hatten - trotz meiner Zweifel - die gleiche Wellenlänge. Wir haben dann auch darüber gesprochen, warum wir uns aus den Augen verloren haben. Und ich habe meinen Blickwinkel und meine Zweifel angesprochen. Über die Antwort war ich dann doch etwas überrascht. Ich war für meine Freundin damals so etwas wie ein ruhender Pol und vielleicht sogar eine Art Rückhalt. Eine ganz neue „Wahrnehmung" für mich. Unser Leben verläuft auch heute noch in recht unterschiedlichen Bahnen. Dennoch gibt es, und das kristallisiert sich immer deutlicher heraus, eine nicht zu unterschätzende gemeinsame Schnittmenge. Ich habe sogar manchmal das Gefühl, diese Schnittmenge wird immer größer.

Wir können über alles reden und müssen uns nicht verstellen, denn jeder weiß, wie der andere tickt. Hier findet eben keine Fassdenmalerei statt, weil wir wissen, wir würden sie uns nicht glauben. Und so ist alles sehr entspannt und jeder fühlt sich wohl in seiner Haut. Freundschaften aus der Schulzeit sind eben einfach anders, irgendwie ursprünglicher. Und aus meiner Sicht einfach ehrlicher. Diese simple Geschichte zeigt, wie wichtig es ist, trotz oder gerade wegen unserer unterschiedlichen Wahrnehmung miteinander zu reden, um Missverständnisse aus dem Weg zu räumen. Wie man sieht, gibt es dabei ja jede Menge Differenzierungen, die sich lohnen gesehen und erkannt zu werden. Das wiederum geht aber nur über die Kommunikation, denn sonst bleibt jeder für sich, allein mit dem Problem und allein in seinem Schneckenhaus.

Oberflächlichkeit

In einem Gespräch bleiben Fragen oft unbeantwortet. Das liegt aber nicht unbedingt daran, dass der Befragte die Antwort nicht weiß, sondern eher daran, dass derjenige überhaupt nicht darauf eingeht. Auch zu einem späteren Zeitpunkt kehrt die befragte Person nicht zu der Fragestellung zurück. Also ganz eindeutig ein Zeichen für „Kein Interesse". Auch in umgekehrter Konstellation ist mir schon häufig Ähnliches passiert. Ich werde etwas gefragt, setze zur Antwort an und genau in dem Moment fängt mein Gegenüber ein ganz anderes Thema an. Im Extremfall noch mit einem anderen Gesprächspartner. Da stellt sich doch automatisch die Frage: "Warum bin ich überhaupt gefragt worden?" Fällt für mich deshalb in die Rubrik „Vorgetäuschtes Interesse". Die dritte Variante erlebe ich oft im Verlauf einer längeren Unterhaltung. Ich bin mittendrin in einem Satz, und genau in diesem Moment beginnt der Gesprächspartner eine ganz andere Geschichte zu erzählen. Ich breche ab, doch diese abrupte Unterbrechung innerhalb des Satzes wird nicht einmal bemerkt. Ich fühle mich dann etwas überrollt und gleichzeitig registriere ich eine gewisse Oberflächlichkeit und „Desinteresse".

Alle drei Varianten der Gesprächsführung können sehr anstrengend sein und zeugen von sehr wenig Interesse am

Gesprächspartner, denn die Kommunikation läuft hier recht einseitig ab. Im privaten Bereich lässt sich so ein Verhalten vielleicht noch als Gedankenlosigkeit einstufen. Bei wiederholtem Erscheinungsbild kann dies ein Grund sein, den Rückzug anzutreten, und der Kontakt wird sich vielleicht langsam auflösen. In beruflicher Hinsicht kann diese Art der einseitigen Kommunikation für diese Ignoranten - so nenne ich mal die beschriebenen desinteressierten Redekünstler - doch noch tiefgreifende Konsequenzen haben.

Wer hintereinanderweg und pausenlos auf mich einquasselt und sein eigenes Ding abspult, stößt irgendwann auf Widerstand und Abwehr. Hier sollen die Ansprüche recht einseitig verteilt bleiben. Und meine eigenen Vorstellungen werden auch langfristig gesehen wohl kaum Berücksichtigung finden. Keine gute Grundlage für eine gut funktionierende Geschäftsbeziehung. Dauerhaft werden die Betroffenen nicht zueinander finden. Ein Rückzug an dieser Stelle ist in der Regel mit Verlust des Kunden und gleichzeitig wahrscheinlich auch mit finanziellen Einbußen verbunden. Dient also auch nicht einer schillernden Fassade. Die Devise kann hier also nur lauten: Kommunikation contra Oberflächlichkeit, denn es gibt viele gute Gründe und Möglichkeiten miteinander ins Gespräch zu kommen! Dazu gehört aber etwas Aufmerksamkeit. Wer nur fragt und keine Antworten erwartet, nimmt seine Mitmenschen nicht wirklich wahr, er schaut eher durch sie hindurch. Die Frage ist nur ein Scheininteresse, eine Antwort oder Meinungsäußerung wird grundsätzlich nicht wirklich erwartet.

Lebenslänglich ?

Noch einmal zurück zur anfänglichen Entengrütze. Bisher hat sich vorrangig die Meinung etabliert, dass unsere Kindheitserfahrungen, bestehend aus Erziehung und eigenen Erlebnissen, uns einschneidend prägen. Hier gesehene und gelernte Gewohnheiten und Reaktionsvorgaben begleiten uns ein Leben lang. Ich bin dieser These immer mit einigen Zweifeln begegnet. Mit dem Buch „Was sagt mir meine Kindheit" von Dr. Julia Umek habe ich in gewisser Hinsicht für meine Zweifel eine Bestätigung oder zumindest Unterstützung meiner Gedanken gefunden. Hierin wird sehr anschaulich beschrieben, dass es keine Zwangsläufigkeit sein muss, in diesen Schablonen zu verharren. Ein Umlernen ist immer möglich, wenn man es nur wirklich will. In einzelnen Fallbeispielen beschreibt die Autorin und Psychologin Möglichkeiten, umzulernen und sich aus so mancher Gefangenschaft zu befreien. Auch die „Ausrede", die Gene seien Schuld an unerwünschten Entwicklungen wird hier entkräftet. Lediglich 20% bis maximal 50% der Erbanlagen werden hierfür verantwortlich gemacht. Die Hirnforschung hat jedoch inzwischen nachgewiesen, dass ein Umlernen tatsächlich möglich ist, wenn ich die Bereitschaft und den Willen dazu habe. Wir dürfen uns also durchaus verändern, einen eigenen Willen haben und dabei auch getrost etwas Patina ansetzen. Denn das gewisse Etwas ist bekanntlich recht anziehend, hat aber so rein gar nichts mit wechselnden Moderichtungen, gesellschaftlichen Zwängen, Schubladen-denken und Idealmaßen gemeinsam.

Das Glück

Eins sei vorausgeschickt: Glück ist kein Dauerzustand. Selbst wenn das so wäre, könnten wir es nicht so wahrnehmen und das Glück in vollen Zügen genießen. Glück setzt sich außerdem aus vielen kleinen Kleinigkeiten zusammen. Dass Glück auch ein Synonym für Erfolg sein kann, habe ich bereits ganz am Anfang erwähnt. Und so könnte sich der Kreis an dieser Stelle schließen. Aus diesem Grund möchte ich Ihnen das Buch „Leben Sie Ihr Glück" vorstellen. Der Autor Dr. Michael Spitzbart beschreibt darin, warum Sie alles haben, was Sie zum Glück brauchen und wie Sie es nutzen können. Glück essen, Glück bewegen, Glück denken. Das sind laut Michael Spitzbart die Eckpfeiler fürs Glück. Dass eine gesunde Ernährung, Sport und Optimismus zum Wohlbefinden beitragen, ist im Prinzip bekannt. Doch Bekanntes vergessen oder verdrängen wir nur leider viel zu oft. Deshalb ist dieses Buch eine wunderbare Zusammenstellung aller Faktoren, die zudem noch praktikabel sind und die zum Glück führen können, wenn wir nur wollen. Es ist also auch hier die Eigeninitiative gefragt. Darüberhinaus erhält der Leser zusätzliche Informationen über die Zusammensetzung der Nahrung, inklusive aller Vitamine, Hormone und Mineralstoffe, in welchen Lebensmitteln sie zu finden sind und wie sie entstehen. Das zeigt, wie all diese „Bausteine" zu einer gesunden Ernährung beitragen. Das folgende Zitat des Autors möchte ich hier einmal in den Mittelpunkt stellen:

„30.000 Krankheiten sind bekannt. Dem gegenüber steht aber nur eine einzige Gesundheit. "

Und:

„99% der Krankenkassenbeiträge werden für die Behandlung von Krankheiten ausgegeben, nur 1% für Präventivmaßnahmen. "

Der Autor und Arzt Michael Spitzbart setzt sich vorrangig für präventive Medizin ein. Allein schon unter diesem Gesichtspunkt ist dieses Buch empfehlenswert, denn es hilft nicht nur unserem ganz persönlichen Glück und Wohlgefühl auf die Sprünge, sondern wir leisten gleichzeitig auch einen Beitrag für die Allgemeinheit, indem wir für unsere Gesundheit sorgen und Krankheiten vorbeugen, soweit das möglich ist. Sie sehen, die Wahrnehmung des Dr. Spitzbart zeigt sich von einer ganz anderen Seite. Eine prozentuale Gegenüberstellung von Krankheiten und Präventivmaßnahmen ist beeindruckend und nicht von der Hand zu weisen. Darum sollten wir dieser Betrachtungsweise zukünftig auch mehr Beachtung schenken, denn wir haben alle nur eine Gesundheit.

Im Wandel

„Vergiss nicht: du bist unterwegs!
Wer unterwegs ist, ist nicht am Ziel."

(Geibel)

Diese Holzstämme im Wasser hatten einmal eine ganz andere
Funktion!

Alles ist in Bewegung und damit auch immer wieder im Wandel.

Die Natur, unsere Sprache, der Mensch und damit wir selbst eben auch. Sobald ein Ziel erreicht ist, wird es ein neues geben. Wir sind wahrscheinlich unser ganzes Leben lang unterwegs und damit dauerhaft im Wandel. Veränderungen stellen sich jedoch nicht von heut' auf morgen ein. Manchmal bedarf es einschneidender Ereignisse, manchmal aber auch nur eines einzigen Satzes in einem Gespräch. Es sind darum nicht unbedingt die großartigen Vorträge eines Experten nötig, es kann ganz einfach eine winzige Bemerkung sein, die eine Veränderung nach sich zieht und einen Kurswechsel in Gang setzt. Bei mir sind es oft die Kleinigkeiten, die langfristig eine größere Wirkung haben. Doch zu glauben, mit dem Erreichen eines Zieles seien Veränderungen und Entwicklungen endgültig abgeschlossen, das ist ein Trugschluss. Wir können lediglich im Laufe der Zeit besser mit diesen Begebenheiten umgehen und den Wandel gelassener hinnehmen beziehungs- weise ihn zulassen und auch mit ihm leben. Mehr Gelassenheit zuzulassen ist manches Mal eine große Aufgabe, die sich nicht immer so meistern lässt, wie man es sich vorstellt oder gerne hätte. Doch umso wichtiger ist es, den Prozess überhaupt erst einmal in Gang zu setzen, andere Sichtweisen zuzulassen, nach Möglichkeiten zu suchen, die den Druck, welcher Art auch immer, abbauen helfen. Dankbar bin ich in dieser Hinsicht besonders meiner Tochter, die inzwischen zwar „fast" erwachsen ist und damit so gut wie raus aus der elterlichen Entengrütze. Dennoch sorgt sie immer wieder mal für die besagten Situationen „Anspannung pur" mit einer ordentlichen Portion Adrenalin für mich. Auch, oder wahrscheinlich gerade als Mutter fühlte und fühle ich mich immer wieder mal unter Druck oder Zugzwang. Doch es war und ist immer wieder möglich durch gemeinsame Bemühungen und Gespräche an dieser   Stelle Abhilfe zu schaffen, die Schwierigkeiten zu entkrampfen. Allein im Dialog liegen viele Möglichkeiten, Anspannungen zu lösen.

Das Schubladendenken hat mit Veränderungen natürlich seine ganz speziellen Probleme. Einmal einsortiert, kommt der Betroffene nicht mehr so schnell aus der Kiste heraus. Ich glaube diejenigen, die heute mit mir hadern, haben meinen Wandel nicht wahrgenommen oder sie wollten ihn einfach nicht wahr haben. Nun passt dieser veränderte Mensch nicht mehr in die vorgefertigte Schublade und damit vielleicht auch nicht mehr in das eigene Lebensbild. Ich bin dabei nicht von der grauen Maus zum schillernden Papagallo mutiert. So muss man sich das jetzt nicht vorstellen. Und das wäre dann auch schon wieder eine Entwicklung, ausgerichtet auf eine imposante Außenwirkung aufgrund von allgemeinen gesellschaftlichen Erwartungen, eben besagte Fassadenmalerei. Nein, es haben sich einfach innere Einstellungen verändert und manifestiert – durch wichtige Ereignisse, aber auch durch viele, manchmal ganz banale Gespräche. Gespräche, aus denen einfach andere und für mich neue Sichtweisen hervorblitzten. Also keine Belehrungen und Analysen, sondern Anregungen. Ich habe manchmal leider den Eindruck, dass unsere Kommunikation dabei ist, zu verkümmern. Trotz der zahlreichen modernen Verbindungsmöglichkeiten sind wir zu oft sprachlos. Wir müssen wieder aufmerksamer werden, um unsere Mitmenschen nicht nur oberflächlich wahrzunehmen, sondern sie tatsächlich zu sehen und zu hören. Das geht manchmal auch ohne Worte, wie wir gesehen haben.

Die La-Ola-Welle

Vom Hochsitz dieser hektischen Zeit betrachten wir die Geschehnisse mit uns selbst und um uns herum. Wir handeln oft fremdgesteuert und unbewusst. Zum einen aufgrund gesellschaftlichen Drucks, zum anderen aufgrund unserer hausgemachten Ansprüche und Vorstellungen. Leider zu oft mit dem Fokus auf mehr Schein als Sein. Doch unser Leben ist keine La-Ola-Welle, in dem wir auf Kommando, wie im Fußballstadion, die Arme in die Luft werfen und uns anschließend wieder artig auf unseren zugewiesenen Platz setzen. Wer nach diesem Prinzip lebt, lebt fremdgesteuert und baut automatisch ein Leben hinter einer Fassade auf. Ein Leben mit Statussymbolen, von denen wir immer wieder glauben, dass sie uns glücklich machen und unser Ansehen in der Gesellschaft steigern. Unsere Fassadenmalerei lebt nur zu oft von Ängsten. Angst, nicht gut genug zu sein. Angst, Erwartungen nicht zu erfüllen. Daraus entsteht dann ganz schnell ein künstliches Gebäude, dessen Fassade versucht, diese Ängste fernzuhalten. Wer immer hinter einer Fassade lebt, kann schnell in folgende Endlosschleife geraten: Aus einer Anspruchshaltung kann Angst entstehen. Aus dieser Angst entwickelt sich eine Aggression. Mit dieser Aggression versuchen wir Druck auszuüben.

Der Druck kann im Erfolgszwang gipfeln und daraus kann ein

Burnout-Syndrom entstehen. Burnout wiederum ist verbunden mit Panik, und daraus entsteht erneut eine Aggression.

Die Bezeichnung Endlosschleife ist im ursprünglichen Sinn ein Begriff aus der Informatik. Er bedeutet, dass nach jedem Abarbeiten eines bestimmten Programmabschnitts dieser Abschnitt erneut abgearbeitet wird. Diese Wiederholung wird solange fortgesetzt, bis das Programm gestoppt bzw. unterbrochen wird. Zur Veranschaulichung hier noch einige Beispiele, wo sich dieses Phänomen, auch in abgewandelter Form, überall einfinden kann.

In dem Film „Und täglich grüßt das Murmeltier" erlebt ein TV -Wetteransager albtraumhaft wieder und wieder denselben Tag. Es ist ein sehr langer Prozess bis er diesen Bann durchbrechen kann. Und es bedarf einiger Veränderungen und Rituale, diesem 2. Februar tatsächlich zu entkommen.

„Gefangen im Kriegsfilm" - so ergeht es traumatisierten Soldaten, die Kriegserlebnisse lassen sie einfach nicht los. Und so erleben die Betroffenen jede Nacht erneut ihren ganz privaten Kriegsfilm. Meist ist es nur mithilfe der Unterstützung Dritter möglich, diese „Gefangenschaft" zu verarbeiten und in ein normales Leben zurückzukehren.

In der jüngsten Vergangenheit gab es immer wieder Wirtschafts- und Finanzkrisen. Auch hier zeichnet sich eine Endlosschleife ab. Denn kaum ist eine Krisensituation halbwegs aufgefangen, schlittern wir in die nächste finanzielle Schieflage. Dann finden Krisensitzungen statt, es wird ein Krisenstab gebildet und das Krisenmanagement wird aktiv, um diese Krisenzeiten zu überwinden.

Diese drei Beispiele zeigen, Endlosschleifen begleiten unser tägliches Leben. Und sie können uns ganz schön zu schaffen machen. Jeder hatte bestimmt schon einmal das Gefühl in einer Art Rille - so wie auf einer Schallplatte - zu laufen und nicht aus der Spur zu kommen. Wer die Spur wechseln möchte, muss etwas tun, aktiv werden und nach Unterstützung suchen. Einfallsreichtum und Kreativität sind gefragt, nur so können neue Ideen, neue Wege entstehen. Und nur so können wir der alltäglichen Endlosschleife entkommen. Warten wir also nicht erst auf den Programmabsturz.

Hinter einem vermeintlich sicheren Fassadenschutz - und dazu gehört auch die eine oder andere Form der Endlosschleife - igeln wir uns ein und bereiten die nächste Abwehr vor. Und so bleibt wenig Zeit für ein ehrliches Lachen. Daran kranken wir, denn dabei geht es uns gefühlsmäßig nicht gut. Wir erstarren hinter dieser geschönten Fassade und können nicht mehr wir selbst sein. Ein ehrliches Lachen ist in einer Maskerade kaum noch möglich, denn das ehrliche Lachen braucht Bewegung. Fassadenmalerei dagegen ist feststehend und starr. Und woran erkenne ich ein ehrliches Lachen? An den besonderen kleinen Lachfältchen, die sich um die Augen herum einstellen. Das ganze Gesicht strahlt und ist in das Lachen einbezogen. Es besteht also überhaupt kein Grund, sich vor Faltenbildung zu fürchten, denn sie macht uns durchaus sympathisch und sie gibt auch ein gewisses Charisma. Das angespannte Lachen der Fassadenmalerei verzieht dagegen nur den Mund zu einem Grinsen. Es schwingt weder wirkliche Regung, Anteilnahme, geschweige denn ein Gefühl mit. Das Lachen der Fassadenmalerei ist kalt und undurchdringlich.

Die Zeit ist reif!

„Falten zeigen lediglich an,
wie oft man gelächelt hat."

(Mark Twain)

Aus meiner heutigen Sicht bin ich froh und dankbar dafür, dass ich im Laufe der Jahre auch hinter so manch imposante Fassade schauen konnte. Auch wenn dies manchmal ernüchternd, traurig oder schmerzhaft sein kann und für mich persönlich auch oft war. Gleichzeitig öffneten sich aber auch neue Perspektiven, von denen ich vorher vielleicht nicht mal im Traum gedacht habe, dass es sie überhaupt gibt. Diese neuen Perspektiven ermöglichen nun eine freiere Sicht und mehr Akzeptanz, auch oder vor allem sich selbst gegenüber, um so zu werden, wie ich wirklich bin. Und das ist dann einfach ein gutes Gefühl. Momente, in denen man Leichtigkeit empfindet und dem Druck den Rücken zukehrt. Das sind Momente, die man erst spät recht zu schätzen lernt, weil kein Schmerz, kein Zwang und keine negativen Gedanken uns belasten. Diese Momente dann auch genießen zu können, will gelernt sein. Denn das sind die Momente, in denen wir uns erst so richtig wohl fühlen. Dann geht es uns gut, wir können uns glücklich schätzen. Doch warum bedarf es oftmals einer Reise bis fast ans andere „Ende der Welt", um Freiheit und

Leichtigkeit zu finden, mit der wir ein gutes Lebensgefühl verbinden? Diese Reisen erscheinen mir wiederum verbunden mit Äußerlichkeiten, die uns zunächst zwar stimulieren können. Aber reicht das wirklich aus? Ist das wirklich die Freiheit? Durch große Entfernungen wird es vielleicht zunächst leichter, Dinge anzugehen und umzusetzen, bestimmte Schranken können aber nur ganz allein wir selbst und in uns selbst durchbrechen. Und das ist unabhängig vom Aufenthaltsort, denn wir nehmen uns überallhin mit. Eine Reise hat viel Außenwirkung, eine Veränderung der Denk- und Handlungsweise dagegen ist eine gravierende Innenwirkung.

Die Kreuzfahrtschiffe der AIDA Cruises werben mit einem Lächeln. Der lächelnde rote Mund am Bug der Schiffe ist Markenzeichen und gleichzeitig Philosophie des Unternehmens.

Die Mitarbeiter leben diese Philosophie und haben für die Gäste immer ein Lächeln und ein freundliches Wort. In diesem Zusammenhang und aus meiner Sicht eine positive Strategie, auch wenn damit ein geschäftliches Interesse verbunden ist. Dennoch verhilft diese Strategie dem Lächeln auf die Sprünge. Denn nach all diesen Betrachtungen wird es nun tatsächlich Zeit für ein ehrliches Lächeln. Allein die Tatsache, dass durch Lachen und Lächeln unsere Glückshormone freigesetzt werden, sollte schon Ansporn für ein ehrliches Lächeln mit Haut und Haaren sein. Gleichzeitig bekommen wir bessere Laune. Ein weiterer positiver Nebeneffekt des Lächelns ist, Kontakte werden leichter hergestellt. Mit einem Lächeln im Gesicht wirken wir einfach zugänglicher, als das mit der verkniffenen Miene einer Maske der Fall ist. Lächeln wirkt ganz einfach entspannend. Das alles sind Aspekte, für die es sich lohnt, nicht weiterhin hinter einer angespannten Fassade zu leben. Gepaart mit den umfangreichen Möglichkeiten einer vielseitigen Kommunikation und einer geschärften Wahrnehmung für so manche Oberflächlichkeit, wird Fassadenmalerei überflüssig.

Einmalig

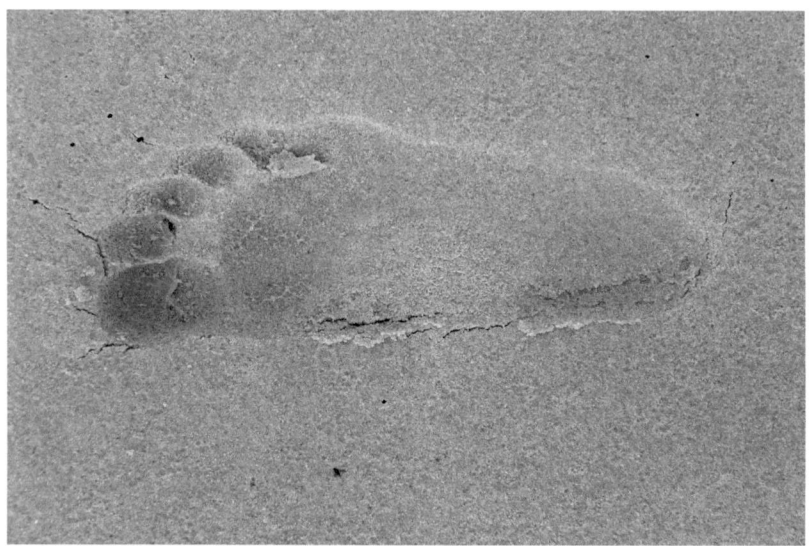

Ob wir es nun glauben wollen oder nicht, jeder Mensch ist einmalig. Unser Fußabdruck zeigt es ganz deutlich, keiner ist wie der andere. Daran sollten wir immer denken und diese Einmaligkeit nicht verschenken oder etwa hinter einer künstlichen Fassade verstecken. Denn damit tun wir uns selbst am wenigsten einen Gefallen. Mit einer Fassade vor der Nase sind wir doch letztendlich alle gleich. Im Prinzip uniformieren wir uns und erreichen damit genau das Gegenteil von dem, was wir uns eigentlich wünschen - Einmaligkeit. Folgen wir darum doch einfach unserer eigenen Spur.

Verkrustungen aufbrechen

Zum Schluss nun noch einmal zurück zum Anfang: Was ist mit dem Untertitel „Verkrustungen aufbrechen für ein Lächeln" gemeint?

In diesem Zusammenhang denke ich immer an ausgetrocknete Furchen eines gepflügten Ackers und an frischen Humus. Gleichzeitig kann ich die frische Erde förmlich riechen. Die ausgetrocknete Erdkruste aufzubröseln und für das nächste Saatgut aufzubereiten, das bedeutet schon etwas Mühe. Ein pralles Getreidefeld oder frisches Gemüse ist dann aber ein großartiger Lohn für diese Mühe.

Diese Assoziation steht für mich stellvertretend für diverse Situationen, die unser Leben begleiten. Es macht immer etwas mehr Mühe, genauer hinzuschauen, sich nicht in eine Schablone pressen zu lassen und/oder etwas zu verändern. Wir sitzen manches Mal eben wie in einer Erdkruste fest, und können uns kaum bewegen. Wir erstarren, ziehen uns zurück und funktionieren so, wie es von uns erwartet wird. Das ist kein schöner Zustand, wir leiden darunter und Krankheiten können die Folge sein. Es gilt daher, diese Verkrustungen zu sprengen, denn sie behindern uns und machen nicht glücklich. Ganz wichtig ist deshalb, dass wir wieder mehr miteinander reden und unsere Kommunikation nicht auf ein Minimum reduzieren. Allein ein freundlicher Blickkontakt kann hier sehr hilfreich sein. Diese kleine Geste kann manchmal Wunder vollbringen. Sie kann eine abweisende Miene erhellen, die Fassade zur Seite schieben und ein Lächeln hervorzaubern. Ein Lächeln, das zusätzlich noch Glückshormone freisetzt und unser Wohlbefinden steigert. Was kann es Schöneres geben?

Ein indisches Sprichwort sagt:

„Das Lächeln, das du aussendest, kommt zu dir zurück!"

Kontakt

Wenn sie mir Ihre Assoziationen und Gedanken zu diesem Buch mitteilen möchten, freue ich mich über einen Brief oder eine E-Mail von Ihnen.

Heike Barz-Lenz
Otto-von-Wollank-Str. 35
14089 Berlin
e-mail: info@barz-lenz.de

Weitere Informationen über meine Arbeit finden Sie im Internet unter www.barz-lenz.de
Gerne können Sie hier auch einen Kommentar hinterlassen.

Literaturliste

Brief an mein Leben
„Erfahrungen mit einem Burnout"
Rowohlt Verlag
Miriam Meckel

Ins Glück stolpern
Goldmann Verlag
Daniel Gilbert

Jetzt reicht's mir!
„Wie Sie Kritik austeilen und einstecken können"
Kösel Verlag
Barbara Berckhan

Körpersprache
„Verräterische Gesten und wirkungsvolle Signale"
Gräfe und Unzer
Monika Matschnig

Lebenskunst
Wege zur inneren Freiheit
RORORO
Peter Lauster

Leben Sie Ihr Glück
„Warum Sie alles haben, was Sie zum Glück brauchen, und wie Sie es nutzen"
Mosaik bei Goldmann
Dr. Michael Spitzbart

Leicht und locker kommunizieren
„So finden Sie eine gemeinsame Wellenlänge"
Kösel Verlag
Barbara Berckhan

Mitten drin im Leben
DTV Premium
Doris Märtin

Was sagt mir meine Kindheit
„Die eigene Entwicklungsgeschichte erkennen und beeinflussen"
Kneipp Verlag
Dr. Julia Umek

Wege zur Gelassenheit
„Souveränität durch innere Unabhängigkeit und Kraft"
RORORO
Peter Lauster

Die Autorin

Heike Barz-Lenz, Jahrgang 1958, studierte Betriebswirtschaft und sammelte nach dem Examen in einem mittelständischen Unternehmen als Gesellschafterin und Geschäftsführerin praktische Berufserfahrungen. Über 15 Jahre hinweg war sie hier im kaufmännischen Bereich tätig. Investitionen, Finanz- und Steuerfragen gehörten zu ihrem Aufgabengebiet. Diese Erfahrungen motivierten zur Veröffentlichung mehrerer Sachbücher. Zuletzt erschien 2009 der Ratgeber „Schmelze den Eisberg" - Der etwas andere Weg zu kaufmännisch orientiertem Denken.

Weitere Studienschwerpunkte bildeten die Kommunikationspolitik und die Werbung. Diese Themen begleiten unser tägliches Leben. Grund genug auch diesen Aspekten nachzugehen, unsere Beeinflussbarkeit erkennbar zu machen und sich mit der Wirkung verschiedener Kommunikationsmöglichkeiten auseinanderzusetzen.